文經文庫 310

媽媽不會回答的話

——55個親子互動的方法

徐權鼎◎著

文經社
Taiwan

COSMAX
PUBLISHING Co.
Since 1981

自序一

你有陪，但你懂得如何回應嗎？

徐權鼎

三十多年前，如果有人願意花時間聽我講，並對我好好分析解釋，講得過我，能讓我服氣，我想我的學歷絕不可能只是國中畢業。

先母在我未滿四歲時即因過勞、感冒、發燒引發腦膜炎，不到一個月去世，使我成了單親及隔代教養的一員。六歲前在彰化田尾鄉下由奶奶帶大，上小學後才由台北的外婆接手。父親一直在外地打拚，從小到現在我們住在一起，零零碎碎加起來的年數，五根手指頭伸出來數不到一半。

當時唯父命是從，在絕對的父權下，只有單向的命令，哪來雙向的溝通？挪點時間聽聽我的想法？比登天還難。誰能和我聊聊心裡的話，回應我？沒有半個。我只好每天矛盾、痛苦的和自己心裡對談、掙扎。

從小習慣孤獨，自己想的就以為自己對；自己闖的、撞的結果，當然也就是自己跌倒自己承受。三年的國中生活，成天都是沒目標的憂鬱，以及胡亂思考人生的生與死，到底我該升學？還是趕緊去賺錢？

沒有人能開導我、說服我，我當然是按照自己想法走，自己時常孤注一擲的作決定，根本不知後果的嚴重。為了省一百五十元的報名費，我連五專也不去報名，當時一位大我三歲的姊姊，知道我要輟學的消息後，還特地跑來勸我：

「你怎麼不讀了？不念書太可惜啦！大學畢業可以當老師喔！」

「老師？就算我當了老師，也很難養整個家庭。」那時我的心還很大。

那位當時讀商專的姊姊無法回答或反駁我的話，只好任由我決定。一九七零到八零年代的景氣大好，台灣錢淹腳目，生意人一天的收入，可能比老師一個月賺得還多。

在小小年紀時，感覺家裡就是窮、就是借、就是自卑，連走路頭都只能一路低低的，因此讓我誤以為「有錢真好」，誰掌家中經濟大權，誰說了就算。若是我自己去賺錢，就不必再看人臉色，每學期都還要痛苦的低頭伸手跟人要學費、生活費。

十五、六歲的我，滿腦子想賺大錢，唯有提早就業才可能實現自己想法。一個觀念偏差的年少，莽撞輕率的決定，讓我後悔到現在。現在回想究竟差在哪裡？就差在家人的回應。除了回不回應，還有會不會回應？回應在孩子聽來是不是敷衍？以及孩子聽了後服不服？

面對孩子心中的矛盾與掙扎，大人的回答將決定他們目前的走向及未來的成就，可以讓他們少走許多冤枉路。我以前沒這麼幸運，但你的孩子現在可以這麼幸運，因為你願意學習。

●

我很對不起我的忠實讀者，因忙碌沒能寫得很快，這兩年好多讀者等不到新書，還以為我封筆不寫了。

怎麼可能？我還有好多話想完整的告訴你們，單單在我腦袋的雛形腹案及資料就有四、五本了。但還是要看時間允不允許，以及讀者群們支不支持了。去年我太太才接到一位讀者的電話：

「請問『徐把拔』（徐爸爸）下一本寫的是什麼主題？怎麼這兩年在書局裡一直找不到他的新書呢？」

「因為這次的主題比較另類，大概就是媽媽不會回答的話。」太太回答。

「嗯！這是我最需要的，我女兒超會頂嘴的。」

她的孩子都讀雄中、雄女，外人眼中她是優秀媽媽，也已看完了我之前五本書，算得上是死忠粉絲，但她還是忍不住特地打電話來我家詢問。

當然，之前也有人納悶的問：「奇怪！你怎麼好像都是寫你女兒，兒子部分提得很少？」但也有人認為我兒子有什麼好寫的？資優生本來就很會讀書，但她卻不知資優生的態度及情緒更令父母頭大。

上一本《不補習也能教出金牌兒》，講的就是情緒的包容，而這本講的則是頂嘴的回應，這都是聰明孩子的特質。

幾乎每位媽媽打來都有共通的難處，就是無法回答聰明孩子的頂嘴，被他們氣得半死卻莫可奈何。有時孩子頂的話，乍聽之下似乎有理，但又好像不大對，因此回答不出所以然，不知如何是好？

一位老師就有這方面的困擾，因為她先生很會講話，明知對方是錯，自己才對，只因口才不好，常被伶牙俐齒、把黑的說成白的、死的說成活的、指鹿可以為馬的先生氣到牙癢癢的，氣勢永遠屈居下風。

這種內傷很無奈，雖然火冒三丈，也只能自己額頭冒煙，無語問蒼天。或許太太心有戚戚焉，也有此感覺，兩人越聊越高興。但事實也是如此，我從國中開始就很會頂嘴，太太說我名字有個鼎，所以才會從小一言九「頂」。

三年多前有一位媽媽打電話來，因兒子太鬼靈精怪，腦筋一時轉不過來，反應不夠快，根本難以招架孩子五花八門的問題。聰明的大班兒子不喜歡上課、寫作業，有天突然很不爽的質問媽媽：

「媽，你為什麼要交錢？你不要交錢，我就不用在那裡受苦！」

媽媽覺得好氣又好笑、又不知如何回答兒子犀利的問題，長期以來非常苦惱。當我預告要寫一本關於「媽媽不會回答的話」時，想不到許多媽媽們反應熱烈，一直催我：

「什麼時候？年底可以出版嗎？那快、快，我很期待！」

「趕快寫、趕快寫，我一定要去買！」

●

太多媽媽的經驗告訴我，眾多孩子的教育流程卡住，無法按照既定規劃完成，十之八九都出在媽媽口拙，無法即時回答孩子的話，於是興起我寫一本破解孩子頂嘴的書。

一位中壢的媽媽在我演講完，一年前我還沒動筆，她就已經預購了；也有新竹的國中主任，預約這個講題邀我去她學校再度演講，就等我這第六本書的出版。

為什麼是媽媽而不是爸爸？因為大部分都是媽媽在帶孩子，較注重教育，所以心腸軟的就被精靈、調皮的孩子打敗、氣炸，尤其是當聰明兒子又遇上一位「笨媽」？鐵定完了，當媽媽腦袋一片空白，僵在那裡傻笑或裝傻不答，孩子就看穿了你的「本領」；但也有一種是硬拗、惱羞成怒而臭罵一頓，甚至一巴掌過去，這樣要怎麼帶得好孩子？

我所謂的「笨媽」不是真的笨，而是和孩子對比下的形容。媽媽難以理解兒子的思考模式，就像爸爸無法捉摸女兒的複雜心思一樣道理，不然怎會有「女人心，海底針」這句俗語？

不回答、無法回答，在孩子的想法裡就是默認、默許，慢慢的他會朝自己的認知走，因此自以為自己才是對的，進而我行我素。漸漸的孩子不問你，開始有點瞧不起你了。以自己為例，你會去問一個比你笨的人嗎？誰會去問道於盲？不可能嘛！

●

有次演講結束後，兩位媽媽很激動的衝上來對我說：

「對！對！講中了我內心的七、八成了。我孩子就是罵我笨，講了你也不懂，那幹嘛講？」不會回答，如何引導？他們會聽一個比他們笨的人的話嗎？當你威信盡失，自然會讓孩子牽著走。

我們家也有這麼精典的一對寶：聰明兒子與笨媽。現在兒子晚上都會在跑步機上快走二到三十分鐘，然後仰臥起坐，再做幾個扶地挺身，流個滿身大汗再去洗澡。媽媽笑他：

「啊？做不到兩下就起來了？」

「你自己做不到一下的還在講？」

「……」媽媽被打槍回來，傻笑無言，氣勢馬上又回到兒子身上，五十步笑百步是難以下指導棋的。不會回答的父母，只能吹鬍子瞪眼，半句話也擠不出來，氣勢馬上矮了一截。

有時你急如星火，他卻秋風過耳，論事說理如孩子生氣鬥嘴，氣勝於理。雖說沉默是金，也莫忘「雄辯是銀」！

「一分的和一百分的在講？」舌鈍的媽只能吃悶虧、生悶氣，如換成爸爸出馬，兒子敢笑我是一分嗎？不敢！整個說話氣勢馬上翻轉！

相對而言，爸爸說話較有權威、較會回答、較了解兒子，不像心軟的媽媽常舉白旗、束手無策、任子宰割。

可惜的是，多數爸爸早出晚歸，只是標準的提款機，卻忙到甚少和孩子談心，對教育漠不關心、不用心，孩子成績不好，行為有了偏差或出了紕漏，還怪媽媽帶得不好。

最好笑的是，根據調查報導，六成的孩子最常跟爸爸在一起做的事情，居然是「看電視」，有近三成孩子每天跟爸爸講不到十分鐘的話，就算爸爸口才再怎麼好，再怎麼會回答也毫無用武之地，聊備一格。

以前我當小孩子時，大人說了算，要求我「有耳無嘴」；現代孩子卻是一言九「頂」，反而是大人「無言以對」，所以才激起我寫這本書來破解、修理這些小大人，讓他們的「奸計」不能得逞。

很多媽媽願意陪孩子，也真的有陪孩子；然而你有陪，但你懂得如何回應嗎？這本書就是在與你分享，我是怎樣回答孩子的話。

目次

Part2

怎樣擺平孩子心中的不公平？

Part 3

怎樣解決孩子沉迷電玩？

Part 4

怎樣回應孩子分數重不重要？

Part 1

怎樣回應孩子的硬拗？

教育要能成功，有些手段就成了必要之惡，
怎樣回應孩子，媽媽們自己要慢慢學習，
如果不行就請老公出面，這也就是我常強調的，
教育這條路爸爸不能缺席，不然一定缺一角，
缺的那一角叫做——「死角」。

媽，魔鬼氈是魔鬼做的嗎？

回答孩子的一個問題，
所要查的資料，
讓父母至少學到十倍的延伸利益，
投資報酬率非常高，
何樂而不為呢？

一位替孩子報名學英語的家長，對著何嘉仁美語補習班櫃檯的行政人員問：「這一班的老師怎麼不是何嘉仁？」

行政人員：「何老師很忙，不可能每班都由他教的。」

家長：「那我要告你們『廣告不實』！」

行政人員：「你可以到隔壁長頸鹿美語補習班，看有沒有長頸鹿能教你的小孩？」

這應該只是網路上的笑話，櫃檯服務人員不敢這樣「嗆」顧客的。但這種「神問答」在我家真實上演過。

有個周末早上，太太告訴我一個真實故事。有位大約讀小一的女孩，隨口問身旁一起散步的媽媽：

「媽，魔鬼氈是什麼做的？」這位媽媽楞住了並沒有回答，女兒馬上再補上一句：

「媽，魔鬼氈是『魔鬼』做的嗎？」媽媽還是繼續走她的，攢眉不答，臉上不只三條線，一樣不理女兒。

老實說，我也不知道魔鬼氈是什麼做的，但我不會不回答。當父母的一定要回應孩子，不能欺騙，不懂就必須承認，虛心求教，不可顧及所謂的「尊嚴」、面子而硬拗、左支右吾，甚至怕被孩子取笑，敷衍了事而不回應。

你若是個不回答的媽媽，下次孩子漸漸不會問你了，因為問也是白問，誰會一直問一個不知道卻又不敢承認的人？

「如果你是這位媽媽，你答不答？」我反問太太。

她說：「以前，我可能不答或說不知道。但現在我會說：『好問題，我查一查、問一問再告訴你。』」

沒錯，孩子充滿好奇，小時候「為什麼」三個字不離口，剛好是引導他們的最佳時機，打蛇隨棍上，怎麼可以放棄這天上掉下來的禮物？有的父母自己不會也就算了，還加一句「囉唆！問那麼多？」或「我很忙，不要吵！」以後孩子真的不會去吵你了。

所以不管再怎麼忙，我都會回應孩子的問題，可以暫時欠著，但不能拖或算了、忘了。遇到當下不知道或一時反應不過來的問題，我只會傻笑，但孩子會好高興，心想：「連爸爸也不懂？那表示我程度夠。」在成就感催促下，會找更有程度的問題來糗我。但我也不是傻笑完就結束了，我會附帶一句：

「我們各自去找資料或請教老師，誰先查到，誰就教誰好不好？」我一定記在紙條上，確保不會忘記，也會整合彼此的答案。

魔鬼氈也有寫成魔鬼沾，以前人們走到野外，穿越田園或草地，回到家時才發現衣服全身都是芒刺，有如魔鬼附身。後來瑞士工程師麥斯楚，以芒刺發想，花了八年時間研究改進，才將「尼龍」織成兩排，一排是無數的小鉤鉤，另一排是許多小環孔，當兩排按壓在一起時，便可以緊緊卡住，代替鈕釦、拉鍊或鞋帶，魔鬼氈取其意像魔鬼般附身。

以上是我由電腦裡查到的資料，因為也叫「妙妙貼」或「黏扣帶」，因此可以確定這不是「魔鬼」做的。這也讓我想起，兒子在小學時，有天故意問我：

「爸！其實牛肉麵根本不必放牛肉。」

「沒牛肉？那就是騙人了。」

「可是太陽餅裡也沒有放太陽啊！」

似乎言之有理，一般家長聽到這裡，可能只是笑笑，親子問答大概就到此為止了。但我不是，我一定要解釋清楚。

「牛肉是實物，平常就能吃到，麵裡放牛肉可以做得到，所以不放牛肉卻叫牛肉麵就是欺騙。但太陽餅裡包太陽有可能嗎？能吃嗎？你敢吃嗎？」

牛肉麵是用實物取其物名，太陽餅是取其虛名，只是以外形命名，其他像是牛舌餅、獅子頭、太陽餅、松露巧克力……也是這樣。不然老婆餅會放老婆？月餅裡包月亮嗎？螞蟻上樹會有真的螞蟻？

所以，棺材板只是外形像棺材，取其升官發財的諧音；甚至蒙古烤肉根本不是源自蒙古，是台灣人自創的，蒙古人反而要來台灣學做蒙古烤肉。

反過來說，現在很多米粉裡沒有米、花生油裡沒花生、雞蛋麵條裡沒雞蛋、小米酒裡沒小米、薑母鴨裡沒薑母……，這就是黑心商品。

太太常對讀者說：「帶住孩子的心，親子間的互動很重要！方法之一就是從孩子開始問第一句『為什麼？』時，父母就要有耐心且慎重的面對孩子所有無厘頭的話，正視孩子所有的問題。」

回答孩子的一個問題，所要查的資料，可以讓父母至少學到十倍的延伸利益，投資報酬率非常高，何樂而不為呢？

你怎麼可以利用我玩的時間？

父母在某些事上不能心軟，可以讓孩子自己選擇，但規則卻要父母自己訂。而且訂了之後就要堅持，孩子慢慢會收斂。

我在嘉義的一所小學演講時，有位聽眾問我：「徐老師，你主張孩子要做家事，但我的孩子是資優生，功課很多，沒有時間做家事，怎麼辦？」

「沒時間做家事？功課太多，讀書到一段落時，就該讓眼睛休息，這時剛好就可以做家事了，不必另外抽時間。」我解釋給這位老師聽。

「但我兒子反駁：『休息是要做自己的事才叫休息，做家事哪算休息？』他認為有玩到才算休息，做家事不算。」

這位老師頂不過孩子，認為孩子說的也有道理，就放任孩子不做家事，但在我家就不是這樣。

我兒子讀小學時，我才不會讓他這麼「好好吃睡」。功課間的休息，原本就只是怕他近視才讓他眼睛休息，並不屬於他玩的時間。如果不想利用，我也接受，但在我家，做家事是每個人都一定要有的習慣，不能妥協。

孩子不做家事，明天我就專找不是他課間休息的時段來做家事，但這樣就壓縮到他看電視或打電動的時間。我告訴他：「如果嫌我挑的時間不好，你自己挑。」第三天起，他就自動恢復在課間休息的時段做家事了。

很多孩子吃定了媽媽心腸軟，認為只要好好讀書就好，家事不重要，父母也不堅持立場。但在我家，兒子知道我的做法，再笨他也會選在課間做家事，因為這樣不會影響他看電視或打電動。

我跟那位「心軟」而沒立場的媽媽有什麼不同？我讓孩子選擇時段做家事，她卻讓孩子選擇要或不要做家事，最後結果當然不同。

在家的每一份子，都有做家事的義務，小朋友算是做最少的。如果大家都不做，都像小孩這麼自私，不但小孩沒飯吃，連書都別想安心讀，哪裡還有時間玩？讀書不是全部，如果以讀書忙或壓縮到自己玩的時間當藉口，在家不做家事，縱然考試滿分何用？只是生活白痴一個。不體諒父母的辛勞，書也是白讀了。

另一位媽媽更慘，兒子中班而已，她的鼻子就已經被小孩牽著走了。

「我要玩的時候，為什麼要叫我寫功課？」這位媽媽聽了雖然有點生氣，但似乎也有理，就是不會回答。太太聽了她的抱怨，就提醒她：

「你就這樣一路到孩子長大都聽他的話吧！」這位媽媽大笑。幼稚園的孩子頂嘴，媽媽就招架不住，那青春期豈不更慘？

玩有玩的固定時間，吃飯有吃飯時間，睡覺有睡覺時間，要會分配。玩太多會佔到學習時間，孩子長大很難找到專業工作，反而沒時間休閒及睡覺。

父母在某些事上不能心軟，可以讓孩子自己選擇，但規則卻要父母自己訂。而且訂了之後就要堅持，孩子慢慢會收斂。但遇到沒原則又心軟的媽媽一定破功，那就不要怨自己孩子不好帶，因為這是媽媽自己沒堅守底線。

孩子上了小學，還是可以如此做；但如果上了國中，我就希望父母改以勸導、講道理、感動孩子為主。

太太常吐槽我：「又不是每個媽媽都能像你這麼狠。」但教育要能成功，有些手段就成了必要之惡，媽媽們自己要慢慢學習，如果不行就請老公出面，這也就是我常強調的，教育這條路爸爸不能缺席，不然一定缺一角，那一角叫做「死角」。

不使霹靂手段，怎顯菩薩心腸？你現在當好人，順了孩子的心，以後孩子還是會怪你。

背這個有什麼用？

你的抱怨我聽到了，
但等你發洩完，
該做的還是得做，
我不會因你的抱怨而心軟，
因為這樣是害了你。

女兒剛上國中時，新生訓練第一天，班上自我介紹，其中一位同學就站起來大鳴大放：

「我最討厭背歷史了，浪費腦容量。」導師氣定神閒的回答：

「我就是教歷史的。」全班爆笑。

這位同學自我設限、自我排斥，歷史成績還會好嗎？不會。

有些自以為是的孩子，不肯好好花時間讀書，就用「背這個有什麼用？」來當藉口。曾有一位媽媽說，孩子向她抗議：

「背了還不是會忘，為什麼要背？背了又有什麼用？」

這位媽媽雖然對孩子的歪理不以為然，卻抵不過孩子的伶牙俐齒，於是放任、順著孩子，直到孩子成績直直落，連品行也出了問題，做母親的才後悔不已。

這些藉口我兒子最內行了，從小他就最會叫、常常叫，懶得背、不願死背，每一項課業都想以理解方式進入腦袋，排斥背單字。甚至還說：

「爸！我背不起來。」「單字多，背太多會混掉。」「英文不是這樣學的。」

他的藉口一籮筐，但我不會放任，而且還會找到機會就反擊。

「姊，西周定都哪裡？」有一次歷史考試前一晚，他問姊姊。

「鎬京。」

「是誰把商朝遷都於殷？」

「盤庚。」

「啊？這也要背喔？」

兒子懶得死背書，尤其是歷史，他背不背完全以試探姊姊為準，國中時常考姊姊問題，如果姊姊會，他才心不甘情不願的背。反之表示不重要，懶得理它。

「明天要考出師表，背那個根本沒意義嘛！姊，你去年有背嗎？」背完歷史又要背國文課文的兒子再問。

「有啊！」

「那你現在還會背嗎？」

「有些忘了。」

「對嘛！背了還不是會忘？」

這時我忍不住說話了：

「你不好好背一次，就永遠不會。但你背了一、兩次後，下次複習會容易許多，不然永遠停留在第一次——沒記憶。基本功還是要下的，凡事都有它的過程及道理，不能跳過。」

現代孩子不肯花時間下苦功夫，像高一時兒子自曝老師教了一學期的日文，還是只會五十音，不想背，常常碎碎念：

「單字那麼多，我好變態，今天背一個，明天忘兩個，一下子就忘了，這樣是在整人的喔？」

他恨背誦的抱怨語錄，多到可寫成一本書。但我告訴他：

「你的抱怨我聽到了，但等你發洩完，該做的還是得做，我不會因你的抱怨而心軟，縮手放鬆一絲一毫，因為這樣是害了你。」

我們當父母的，沒法幫你們背，我們能做的，就是傾聽你的抱怨，讓你有些許分散壓力的空間。等你倒完你心裡的垃圾，說出了委曲後，還是要回到現實，該背的就是要背。

學在苦中求，藝在勤中練。不是要你「背多分」，是要你在「背中學」。

單字背了還是會忘啊？

背過確實會忘，
但如果不背，
連忘的機會都沒有。
多背一次，
忘掉的機會就少一次。

不想死背，是懶人的特點，卻也是聰明孩子的特性，包括我兒子也不例外，從小學抱怨到高中還在叫：

「悲劇！我根本不是讀書的料，單字怎麼背怎麼忘，之前會的也能忘，連schedule也不會拼，白背了。」

我安慰他：「你事情多，不同課程間本來就會排擠，忘掉也是正常的。」

高中了，我對他講話算是很客氣了，壓力大時就讓他取暖一下，如果在小學時，我的回答就很嗆了：

「你說的真對，單字背了還是會忘，那晚餐不要吃了，反正吃了也是會餓，多此一舉。晚上不能洗澡，反正洗完還不是髒？要不要試一天看看？」

如果你鐵齒，真的那麼想試，我會讓他多試幾天。

容易忘，表示你記得不牢；讓你容易記住，也表示很容易忘掉，無法成為永久記憶，這是自然定律。老天爺很聰明，人的肚子會餓，才可以遍嘗各種不同的山珍海味。假設你吃過一次就飽，接下來一輩子都不必再吃，你願意嗎？

生物的本能就是吃了一些後，會自動排掉一些，等餓了再吃。你會因為吃了還會餓而選擇永遠不吃嗎？假設每個人都能背一次就忘不了，看過連續劇每天的台詞都過目不忘，每天講過的、看過的都不會忘，那才是可怕的悲劇。

單字忘了，再背就是了。飯一餐一餐吃，你才會得到營養，長肉、長高，單字也是，一次一次背，腦袋會愈裝愈多，愈不容易忘，到一定份量時，就會自動串連。常說口裡順，常做手不笨，不可能只選擇你想要的部分。

如果真的忘了某些字，大腦是在提醒我們，要再一次複習，要高興才對，怎麼煩惱起來了呢？

我把單字寫在手上，背了多少年，也忘了多少年。甚至有一次走路太專注了，伸出左手背單字，還撞上電線桿，自己也覺得好笑，因為這幕不是只有在電視劇裡才會出現的嗎？怎會發生在我身上？

到了冬天，皮膚的油脂分泌少，原子筆寫在手上的單字太深，很難以肥皂清洗掉，有次我用毛巾硬擦，還破皮流血了，好痛。有時回頭一想，有必要這麼辛苦嗎？背個單字而已，但不服輸的個性使然，透明貼布貼好，跟它拚了，再寫再背。

雖然偶爾會忘記，但看一下就記得了，第三次瞄一下……複習的時間間隙會愈來愈短，至終成為大腦的一部分。沒有一開始的背，哪能成為後來的看？告訴你的孩子吧！如同我第一本書《我這樣教出資優兒》說的：「背過確實會忘，但如果不背，連忘的機會都沒有。」

還沒學會走路前，別想先學飛。多背一次，忘掉的機會就少一次。背第一次也許要兩分鐘，忘了再背，這次只要三十秒，再來十秒，最後是用看的就記住了。再笨的人背到第五次，也已經能用看的了。孩子怕忘就不背，會永遠停留在第一次，永遠是生字，當然無法進階。

凡事要成功，都要講究紮實的基本功，點、線、面後才能一氣呵成，沒有點，哪來成線、面？沒有從背單字開始，如何能看文章？

跌倒了再站起來，只要站起來次數比跌倒多一次，你就成功了。背單字的道理也是一樣，背了忘，忘了背，只要背的比忘的次數多一次，你就記住了。

忘記也是學習的一部分，溫故知新是一種習慣，基本功則是一種態度。態度比成績更重要啊！

我就是記不住啊！

會記不住，
主要是不常用的後遺症，
演變到最後成為死背死記。
所以想要牢牢記住，
還是融入生活最為理想。

前幾年陪女兒到實踐大學考中級英檢，女兒進去考試，我出來散步，途中無意間聽到一對父子的對話：

「你為什麼英文都不會，都考輸人？」

「我就是記不住啊！」這看起來約小一的男孩，臉不紅氣不喘反駁。

「為什麼你皮卡丘卡通都記得一清二楚？」

「因為我每天看啊！」

「那麼你每天看英文半小時，也會記得住啊！」

小男孩沒話說了，因為「記不住」和「不想記」是兩回事。這爸爸的回答很好，兒子認了，以後他還敢對老爸有同樣藉口嗎？我想是不會了。

小學生的記憶力強，但屬短期記憶，忘掉本來就很正常；等到了國、高中，因課業繁多排擠，忘了更是正常。不正常的是孩子沒耐心、不用心、沒有心、懶得背、不想背，這樣當然記不住。有次讀高二的兒子，過三天要期中考，口中喃喃自語：

「上課時老師解釋，明明都了解、都記得，怎麼現在都忘了。」

拜託，你又不是神仙。電腦都會當機了，何況是人腦背東西，怎可能背一次就記得？怎可能不會忘？你自己的名字會不會忘？不會，那是每個人一次一次加深你的記憶，國小老師一次次的聽寫，才造成你的永久記憶。

你背七次忘了七次了嗎？不要忘了，你自己的名字，也是經過如此的循環才記下來、才會寫的。根據語文學專家研究，一種學習必須七次以上才開始有記憶，要從短期記憶移至長期記憶，必須反覆七次以上。

兵可百年不用，卻不可一日不練，問問彈琴的人感受最深。

會記不住，主要是不常用的後遺症，演變到最後成為死背死記。連國語一段時間不說我都會忘，所以想要牢牢記住，還是融入生活最為理想。

以前大家庭，孩子多，關係很清楚，哪一個叫伯伯，哪一個是嬸嬸、姨婆，小孩也清清楚楚。現代少子化，孩子根本不懂什麼叔叔、姨丈？因為現實生活中沒有，孩子就很難記住。

像我的兩個孩子，從小學到高中公民的親戚關係，每考一次忘一次問一次，什麼姻親、旁系，姨丈是阿姨的先生，阿姨是媽媽的姊妹……全都是用背的。

因為我太太只有兄弟各一個，所以孩子對為什麼叫舅舅、舅媽的關係很清楚，其他沒有的就只能用背的來應付考試，因不常用自然久了就忘了，忘了就必須再背一次，那舅舅、舅媽常用，所以不必背，那麼單字的道理亦同，是你不常用才忘得快，想要不忘唯有常用。

昨晚睡前談到我外婆，想不到兒子竟然問我：「爸，你外婆是你爸的媽，還是你媽的媽？」兒子啊！你確定自己是建中畢業的嗎？

俗話說：「一代親，二代表，三代無了了。」現代人忙、少子化，親戚關係愈不聯絡愈生疏，最後走在路上也互不認識。就像近來電子產品普及，書寫減少，很多孩子都忘了國字怎麼寫，筆畫也亂七八糟。

套一段太太回我兒子的話：「小學國語課本不是有教過？只要功夫深，鐵杵也能磨成繡花針，難道你也沒記住？」

也是對六題啊？

孩子會帶不好，
其實都是父母心軟，
沒有堅守原則，
卻又怪孩子不好帶。
錯的是誰？父母心裡有數。

回憶多年前剛升格當新手爸媽時，我對孩子的一切總是一板一眼。一是一，二是二，沒有打折餘地，也沒有模糊空間或灰色地帶。每件事甚至到每個細節，都是楚河漢界、涇渭分明。不像現在一把歲數，手段圓融多了，會轉彎變通。

在兒子四、五歲時，我們父子間曾有一場唇槍舌劍。當時在學珠心算的他及姊姊，我只要求他們及格就好，也就是每天的十題中要對六題，才能打電動半小時。

這一天，他確實寫對了六題，但我堅持不給他打，因為當天的考題是十二題，這就等於只有五十分，不及格。我解釋當初立下的遊戲規則，孩子卻依然跟我「ㄌㄨˊ」了近半小時，最後哭倒在沙發上，喃喃自語想博得同情，以為我會心軟放水一次。

「不……能……打……電……動……。」啜泣的兒子裝可憐。

「認真才可以打，你不認真打什麼電動？打電動是因為你認真，所以給你鼓勵。不然認真可以打，不認真也可以打，誰會認真，我問你？」

「但是以前我寫對六題就可以打的。」兒子想硬拗。

「十題對六題，正確率是十分之六，這樣是及格，但你今天是十二題對六題，只有五十分而已，不及格。」

「可是十題減四題也是對六題，我今天也是對六題，十二題減六等於六啊？」兒子跟我玩起文字遊戲。

「可是上次是錯四題，現在你是錯六題耶？」

「可是……十二……。」他還是想狡辯，又提不出具體道理。

「十題對六題是六十分，你今天十二題錯六題，是五十分而已耶？」

「哪有？上次應該也五十分，這次也是五十分啊？」

「上次十題對六題，一題十分，所以是六十分。」

「啊我這次也是對六題啊！」兒子一直繞著對六題，跟我裝糊塗，數學這麼差，那我就幫你算清楚，看你能耗到何時？

「對六題？但有十二題你對六題只有一半，一半只有五十分啊！十題對六題……」

「對啊！對六題……一題……不是……」他開始知道錯了，語無倫次陷入自己的漩渦之中，圓不回來只能裝無辜。

「如果考十題一百分，一題就是十分，但是考十二題，一題只有八分多而已喔！八分多你對六題才幾分啊？才五十分耶！對不對啊？」我一定要分析到兒子沒話說，他的苦肉計也沒有得逞。

有些心軟的媽媽腦袋空白，一時轉不過來，大概就投降放行，被孩子拗走了。有時我演講會放這段影片，很多媽媽竟然還替兒子說話，「他也有道理啊！都是對六題。」其實她們是被他可憐的模樣給騙了，於是「放水」降低標準。

對孩子我只要求及格，六十分並不過分。如果對六題就要放水，難道一百題對六題也行？馬鈴薯發了芽就可能有毒，不能吃，但你能告訴我一樣是馬鈴薯，所以吃下去沒關係嗎？

大人本身的思考邏輯要清楚，道理要明白，數據要量化，不然會自亂陣腳、講不過孩子。但也千萬不能老羞成怒，只以父母的權威說：「不行就不行，這麼囉唆！」小時候他也許屈服你的淫威之下，長大一點你就壓不了他了。所以絕對要抽絲剝繭的解釋澈底，孩子才會服氣。

如果雙方認知不同，甚至自己當初沒講詳細以致有誤會，我認為就該通融一次，下不為例。然後重新定義、溝通，下次適用，不再放水。

前幾天準備隔天演講而整理檔案時，兒子看到這段影片。他自曝當時的心機及盤算就是：

「那時我是用拗的啦！我有那麼笨嗎？不會算喔？」

「你也要看人拗，對象是我耶！不是你那個笨媽。要是她，早就放水了。」我嗆兒子。

兒子對媽媽抱怨：「花了快半小時，裝得這麼可憐，只為了換十分鐘的打電動，沒想到爸爸這麼狠，一分鐘也不給。真是失算！」。

我告訴他：「你失算的可多咧！我教孩子時只有『狠心』，沒有『同情心』。」

誰說四、五歲小孩沒有心機？孩子會帶不好，其實都是父母心軟，沒有堅守原則，卻又怪孩子不好帶。錯的是誰？父母心裡有數。

又沒關係

爭之不足，讓之有餘。要矯正孩子的行為，就該以其人之道，還治其人之身，這樣輕鬆又有效果。

一次在學校演講完，開放給聽眾發問，有位媽媽率先舉手：

「徐老師，我兒子愛吃香菇，有一次炒一盤剛上桌，他就把整盤端到自己面前。我說怎麼可以這樣？他回答因為我好喜歡吃你炒的香菇喔！明知他這麼做不對，但我該怎麼對他說？」

我提醒她：「明知不對還放任他這麼做，可見你被灌了迷湯，心軟而縱容，才養成他我行我素的習慣。他太了解你的個性，已摸清你的底限，最後這種不當的行為，變成了一種習慣，越大就越難改。」

喜歡吃？沒問題，事先說，我另外炒一盤給你都可以，但不能自私的端到自己面前，這樣別人怎麼吃？一定要警告孩子：

「我下次也學你這樣，想吃的就端到自己面前，你的感受會如何？而且這樣做會被別人批評是沒禮貌、沒家教，被看笑話，人家心裡在罵你，其實也就是在罵我啊！」

我敬人一尺，人敬我一丈。俗話說：「相讓吃有剩，相搶吃無份。」禮貌從小就要教。

如果孩子還是依然故我，你就要使出絕招，把自己當成鏡子，讓他看到自己的行為有多可惡。你要學他先把那盤好吃的香菇，端到自己面前全部吃掉，孩子一口都沒得吃，下次自然就改正了。

這位媽媽聽了之後點頭如搗蒜，回我滿意的微笑。

爭之不足，讓之有餘。要矯正孩子的行為，就該以其人之道，還治其人之身，這樣立竿見影，堅持追蹤直至矯正為止，輕鬆又有效果。

有次在路上遇見俞老師，聊天中談及一位小朋友寫功課時，腳都蹺得高高的，父母講了好久也沒用，罵也沒用，去安親班老師也不管（或許是管不動），爸媽更不知該怎麼辦？

有一天，奇蹟突然出現，爸媽感到奇怪，別的安親班管教不了，為什麼來俞老師這裡後全改了，從此不再蹺腳？

原來俞老師沒有罵他也沒說他，而是學他的樣子問他：

「好看嗎？」

孩子不好意思，真的不好看，於是腳不再蹺那麼高了，下次來低了一點，再來剩二分之一、三分之一，最後就改掉了。

教養之道無他，做他的鏡子反射，才能讓他看見自己的缺點。

孩子的一些不好行為，都是大人漠視演變到默認，睜一眼閉一眼，認為孩子小嘛不懂無所謂，長大自然會改善，或明明知道問題所在，父母卻不知怎麼辦，一天拖一天成為惡習，失去矯正良機。

溺愛足以害人，甚於水火刀劍啊！

長大了為什麼還要報平安？

報平安是晚輩的基本禮儀，
也是長輩的教養責任，
就像平日說謝謝、對不起那樣重要，
但這需要父母懂得要求及堅持。

「我都三十多歲了，連喝個可樂都要被念？」

報載一位患心臟病而宅在家的獨子想喝可樂，母親擔心他不宜喝甜飲，好心提醒而發生口角，男子負氣留紙條離家。

這種家庭戰爭，很多人都經歷過。有一次我們家的老媽子對女兒說：

「早餐要加一點腰果才會飽。」

「不要啦！我已經有雙下巴了。」

「不行，一定要吃，不然帶去學校吃，這樣營養才夠。」

女兒俏皮的說：「我長大了，不要你管啦！」

太太笑一笑，也對我說：「聽到了沒有？女兒說她長大了，不要你管啦！。」

我說：「很好啊！長大了的人就該知道要孝順，甚至給父母零用錢，以後我們就看你表現囉！」女兒尷尬了，不敢再反駁。

長大的責任更大，不能只想到長大的好處，卻忘了責任。有的媽媽不會回答，只會氣得跳腳，或是覺得孩子說的也沒錯，就這麼輕輕放過了。

曾有一位大學生對媽媽抱怨：「你才小學畢業而已，我都大學生了，怎麼還要管我？」這位媽媽一聽，就不說話了。但在我家，一定是相反的結果。

「我們都長大了，為什麼還要打電話回家？」女兒上高中後，曾經這樣質疑媽媽。但太太生長在純樸而有人情味的農村，尊敬、孝順、有禮貌是岳父母從小教育的基本禮儀，所以對我兩個小蘿蔔頭，當然也比照辦理，沒有打折空間，所以理直氣壯的回女兒：

「在我們的眼中，你一輩子都是爸媽的小孩，就如我永遠在阿公阿嬤心目中，也永遠是小孩子一樣。你長大了，你再大會比我大？我快五十歲了，哪一次從台南回到台北，踏進家門不是先打電話向阿嬤報平安？因為當她知道我們平安回來了，才會安心做別的事或睡覺。你們的情形也是一樣，長輩會擔心晚輩這是天性，讓長輩放心這是你們的責任及禮貌，不能嫌麻煩。」

孩子每次出門，和同學一到達目的地，太太也一定要求他們打電話報平安，出國更是如此。姊姊一開始會抱怨太麻煩，而弟弟更是根本忘記，但太太就是堅持，幾年下來，兩個孩子也都養成習慣了，女兒讀大學住在外地，還是會主動報平安，證明她真的長大了。

太太年近半百，還三天兩頭打電話和岳父、母話家常，沒事隨便哈拉幾句也好，故意讓老人家唸一唸、罵一罵，他們心情就會好一點。「老人囝仔性」，容易滿足、快樂，喜歡講話、發表意見，甚至高談闊論，精神會好許多。

「連你爸爸每次去演講，都會打回來向我報平安！」太太這句話，讓兩個孩子沒話說。很慚愧的是：我也是被她「逼」了好幾年才養成習慣的。

現在連最脫線的兒子，在媽媽的要求下，不論搭捷運到台大修課，或周六、日到圖書館看書，也都會主動打電話回來了。剛剛他才戴著口罩及安全帽騎著自行車到學校做實驗，如果不是他報平安，我還真的忘了他已出門。

「一蕊紅紅，顧到大人」。天下父母心，每個孩子都是父母的一塊心頭肉，報平安是晚輩的基本禮儀，也是長輩的教養責任，就像平日說謝謝、對不起那樣重要，但這需要父母懂得要求及堅持。

一定要打？不打不行嗎？

養成孩子報平安的習慣不難，只要堅持兩、三年，就能永久成型，到時孩子不打電話回家，自己還會不習慣的。

從汐止來我家一起學英語的小孩，現在都已經讀大三了，每年寒暑假還是一定抽空來看我們。從我這裡安全回到家後，他也是一定馬上打電話來報平安，因為知道我們會擔心。我寫這篇文章的十分鐘前，太太才接到他的平安電話。

我的孩子從國中有手機開始，每次到圖書館或和同學聚會，媽媽出門前一定特別千交代、萬叮嚀：「到了要記得打電話回來報平安！」

但脫線的兒子常常忘了打，有時可能是真的忘了，但也可能是故意試探大人的底線，你沒說話、沒有再要求，孩子以後就真的不會再打。

所以媽媽總會精準地算好時間，到了還沒打回來，沒關係，換我打過去罵人了。還真巧，每次的答案都一樣：「忘了。」

去年兒子代表台北市到彰化師範大學，參加三天的高中物理全國競賽，早上出門前老媽又交代集合或上了火車、每天晚上回到飯店要報平安，兒子很調皮、故意回答：

「那……一定要打嗎？不打不行嗎？」

「沒打也沒關係啦！我會打去飯店找人；找不到再打給同學；再找不到？會直接打給老師。全飯店的人都會認識你，看誰丟臉，誰會被笑是『媽寶』？」有能力忘了，就要有能力承受老媽找你的尷尬。

兒子是愛面子又怕羞的人，哪經得起這番糗事折騰？他嚇得腿軟不敢再廢話，一集合他電話就來了。三天的比賽完後，也賺了七千五百元的獎學金回來。

高二他們科學班到新加坡八天七夜校外教學，第一天晚上十點，太太的手機響了，是兒子打給媽媽：

「喂！掰掰。」省話一哥點到為止，急於掛電話。

「喂！什麼掰掰？還沒叫媽媽就先掰掰？」

「喔！媽媽，掰掰。」

啊？省話一哥變省錢一哥了嗎？但他有打來，也就可以了。最怕的是孩子真的忘了打回來，結果連大人也忘了打過去找人，這樣又怎麼要求孩子？

前幾個月我有一次很生氣，原來是在台中住校的女兒回到家，又被我「削」了一頓。回來的前幾天，女兒就指定媽媽準備水餃及蝦仁羹當晚餐，因為太久沒吃了嘴饞。

但很反常的，這次媽媽等她上火車後打電話回來，卻左等右等就是等不到，心想可能忘了。

為了要確定她晚餐吃了沒？到底還要買水餃及蝦仁羹嗎？你自己特別交代人又不先打電話回來？只好我們打過去找人了。

但奇怪的是，電話沒有人接，太太和我打了十三通，打到快抓狂了，這一小時坐立難安，到底發生什麼狀況？

一小時後，女兒打電話回來給媽媽：「哈囉！」一副無所謂的口氣，殊不知我們這段時間如坐針氈！

「還哈囉？電話也不接！」

「手機用震動放在包包沒聽到。」被媽指責有點不高興，她還理直氣壯？

「你爸坐火車都會打，你沒打？」

「震動根本沒聽到。」

避重就輕的藉口，極力撇清責任，讓疏忽行為合理化。廢話！震動當然不會聽到，但你應該想辦法讓它「震到」！於是我也開口說話了：

「你知道你的忘了，會讓我們擔心多久嗎？」

女兒自知理虧後說了一句：「好啦！對不起。」

心軟口不能軟，縱然女兒大學了，不對的行為我一定要點出來，不高興是你的事，教育你是我責無旁貸的義務。

因為陪得夠、感情深，孩子都了解我的個性，愛之深責之切，沒多久風暴即冰消瓦解了。

雖然住在台中，但我們都沒感覺到距離，因為女兒臉書已讓媽媽加入朋友，看到綠點即知人還平安在校舍。她還三天兩頭在臉書上遙控，向弟弟請教物理、數學，每天和媽聊天分享生活點滴，當然也不會忘掉這個老爸，因為她：

「要錢啦！」

太太不只要求孩子，連作她先生的我也要管？神經質的她，規定我每次演講，到了學校要打給她；講完了要打；到了車站坐幾點火車要說……。你忘了？沒關係，她會一直打到你接為止。

有些媽媽不會和孩子講理，也認為孩子長大了，順了他的意，沒堅持要打電話，結果自己白擔心一天。長輩常說：

「父母疼子長水流，子惜父母樹尾風。」教養孩子要放手談何容易？但一時半刻要孩子體會你當父母的同理心，確實也不容易。唯有把握適時的機會教育，讓每一件發生的事都是好事。

養成孩子報平安的習慣不難，只要堅持兩、三年，就能永久成型，到時孩子不打電話回家，自己還會不習慣的。

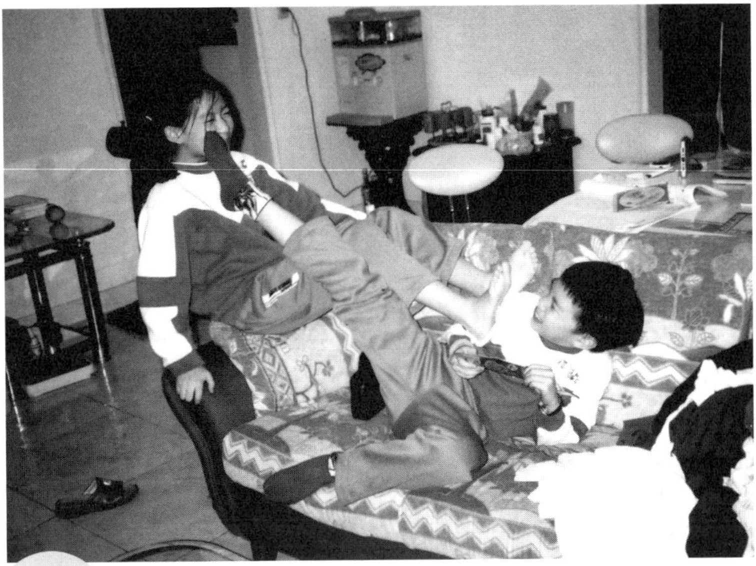

Part 2
怎樣擺平孩子心中的不公平？

孩子成長的一路上，我們謹慎處理、排解。
不分男女大小，只有是非對錯；
不分成績高低，只看盡力與否？
父母不能光看到表面有形的假公平，
孩子要的是實質無形的真正公平。

不公平！就是不公平

我們家兩姊弟感情好得不得了，
就因父母做得恰到好處。
為了怕孩子心中有結有怨，
在成長的一路上，
我們都非常小心謹慎處理、排解。

在電視新聞中看到這個畫面，一位美國總統候選人羅姆尼支持者的孩子，在床上紅著雙眼，哭著直喊「不公平」，還從床上不斷丟東西下來，媽媽試圖安撫他，對他解釋：

「我覺得很公平啊！每個人都去投票了。」

「不公平！我和弟弟都沒投票。」

「要滿十八歲才能投票。」

「那你還說每個人都去投票？」

媽媽沒有回答這個五歲小男孩的問題，因為媽媽不會回答；而小男孩認為自己有理，所以繼續哭、繼續丟。如果大人懶得再解釋一次，孩子自然誤會你已經默認了。

如此的惡性循環，在很多家庭裡不斷上演，父母永遠被孩子牽著鼻子走，帶不好孩子，更引導不了孩子。

如果是我，就一定不會這麼「懶」，我會再補上一句：

「大部分滿十八歲的合格選民都去投票了，我們必須尊重每個人的選擇，這就是選舉，這就是民主，這也就是公平。」

現代的孩子太早熟，接觸到太多媒體訊息，超過自己的心智年齡，遇到太聰明、又鑽牛角尖的孩子，父母若不耐心解說清楚，就會被孩子抓住語病，讓大人下不了台。所以做大人的，語句不能含糊帶過。

女兒在高中時，班上有一位同學，一直在喊不公平。因為好不容易考到第二名，可以領到台北市教育局的一千元獎學金，卻因戶籍不在台北市而不能領，改由第三名遞補，所以一直抱怨：

「不公平！」

孩子放學回來和我聊天，我說出自己的想法：

「那是用自己的角度與立場在說話，今天她住外縣市，卻佔了本縣市一個缺，讓縱然住在學校對面的孩子也無法就近讀，難道這就是公平了嗎？她可以就近讀社區高中領獎學金，這樣是不是更公平？」

哎！人平不語，水平不流！任何事都只能儘量做到對多數人「相對公平」，很難對少數人「絕對公平」。自己也做不到的事就不要抱怨，要心存感激及珍惜當下。你覺得別人對你不公平，人家也覺得你佔了便宜，不住台北市卻要佔台北市的資源。

現代孩子錙銖必較，不懂得感恩，這多少也和父母的心態有關。其實原本外縣市學生是可以領台北市政府的獎學金，那時台北市的家長也會覺得公平嗎？一定不會！

要讓家裡的孩子覺得真正公平，父母是關鍵角色，千萬要小心、要懂得察顏觀色。

當孩子抗議時，要適當處理到雙方沒話說，這就是為何我的兩個孩子現在不吵架、沒心結；而且從不懷疑父母偏心小的、重男輕女或對成績好的特別優待。

在我們家，一切看態度及證據說話，兩姊弟感情好得不得了，就因父母做得恰到好處。為了怕孩子心中有結有怨，在成長的一路上，我們都非常小心謹慎處理、排解。

兒子讀高一時要買一台筆電，方便作研究時記錄，我馬上配合，並同時告訴女兒不必眼紅：

「只要你的功課有需要，我也會馬上買給你。」

女兒點點頭，我要做到他們兩個都沒話說的真正公平。

有次太太心血來潮，買一盒冰淇淋，為了公平起見，還挖出來以小磅秤測量分成四份，大家沒話說。

也許你覺得奇怪，吃個冰淇淋何必這麼麻煩？因為之前我們父子常開玩笑，指媽媽不公平，兒子不是說：「爸爸的比較多！」就是說：「姊姊的比較大丸！」我也常抱怨：「你愛子不愛尪啦！」氣得太太乾脆拿出磅秤，這樣夠公平了吧！

在我們家只有鬥嘴、只有笑聲，沒有不公平！治家與治國一樣，不患寡而患不均啊！

你們重女輕男，對女生比較好

不分男女大小，只有是非對錯；
不分成績高低，只看盡力與否？
不能光看到表面有形的假公平，
我要的是實質無形的真正公平。

女兒從小就是乖乖牌，常被調皮的弟弟欺負。我因同情弱者的心態作祟，在姊姊偶爾犯錯時，總是捨不得罵就輕輕放過；但弟弟看在眼底就很不服氣，一樣的錯卻不同待遇？

他認為在家裡只要是他錯，一定被我罵得霹靂啪啦，毫不留情面，累積的不滿終於在小五時一次引爆：

「你們都憑印象就說我錯，同樣行為，為何姊姊沒被罵而我被罵？你都重女輕男，對姊姊比較好，連我們老師也一樣，打女生時都比較小力……」

兒子幾次抗議下來，我和太太接收到了，知道他已不滿許久了，導致心中不平衡。但我也不會置之不理，何況姊弟兩個都是我的孩子。

我很納悶，我有這樣嗎？會嗎？我一直自認很公平的呀？但仔細回想，兒子所言似乎也不假。

父母往往是在不知不覺中偏心，卻還以為自己是現代包青天？或許是因從小女兒一罵就哭，於是心軟捨不得罵；但弟弟就不同了，他是大過不犯，小錯不斷；看了就無法不生氣，偏偏罵也罵不哭，直覺認為他無心悔改，於是更火大更用力罵，這點我承認是我的錯。

從這刻開始，我自我檢討要體會他的感受，不能再讓他覺得大人偏心。為了兒子的管教問題，還曾和太太吵到凌晨兩點呢！本來是父子問題，結果卻成了夫妻問題。

不過很意外的，這樣反而造成兒子抗壓性夠，可能習慣了更耐罵吧？

「爸爸不對的部分我會修正，至於老師的部分，你只想到老師對男生比較兇，都沒想過你們比較調皮、比較不聽話、也比較會做怪的部份？如果男生也和女生一樣乖，老師還是對男生比較兇，那才是老師的錯。」

兒子沒話說了，因為不要只想著檢討別人，也要回頭看看自己是不是有盲點。

從此以後，我記取教訓，也告誡自己不再犯。國中時有一陣子，姊姊常犯錯，因此常被罵。

但不管是被媽媽罵或被我罵，弟弟都沒事而被稱讚，我曾偷瞄過他的表情，發現他是在竊笑，也許這時他心裡舒服多了，我反問他：

「小學時都說我們重女輕男，不公平，對姊姊比較好。現在你怎麼不說了？你覺得我們重男輕女不公平嗎？」

他說小時候不懂，現在長大了，明白了。

原本姊弟倆是在客廳共用餐桌一起寫功課，但我們常在客廳聊天，弟弟又常吵姊姊，所以姊姊讀國一時，我把她單獨調到書房，安靜、桌寬、視野好，又有冷氣好舒服，小六的弟弟又不爽了。

「我這是餐桌，又不是書桌，只能吹姊姊門口那台電風扇，不涼又好吵。不公平，什麼好的都給姊姊……」

這一次我有點發火回擊：

「對，你說的沒錯，我真的很不公平！你們兩個都是我的孩子，把你生成資優生，卻把姊姊頭腦生成那樣？如果還是覺得不公平，不然你和姊姊的腦袋互換一下，那個位置給你坐，冷氣給你吹，如何？」

兒子嚇死了，什麼？我這個聰明的換那顆笨的？這麼恐怖？連忙搖頭拒絕。

「我才不要咧！我還是想要我自己的這顆頭。爸！你很公平啦！」從此以後兒子絕口不提了。

媽媽也偷偷叫他來，不給姊姊聽到，想不到兒子先開口：

「我知道你要說什麼啦！」

「你天賦異秉，已得天獨厚了，再怎麼吵，但你記憶力佳，還是第一名，但姊姊沒辦法，太吵了就沒辦法讀書。書房對你而言是錦上添花，但對姊姊而言可是雪中送炭。唯有這個做法，你們兩個才會同時進步。」

我們家不分男女大小，只有是非對錯；不分成績高低，只看盡力與否？不能光看到表面有形的假公平，我要的是實質無形的真正公平。

為什麼我只能當個小莒光號？

在家中，我們作父母的，
只能扮好電聯車的角色，
等自強號、莒光號安全開走後，
才敢放心的卸下重擔，
這就是「天下父母心」啊！

在家裡會先跳出來提出不公平、愛計較的孩子，通常較聰明、調皮，腦筋也轉得快，但卻不一定是大的或小的。

我女兒的記憶力能「嚇死人」是出了名的，我曾問她課本內文裡提到的什麼叫侯門？她愣了近十秒若有所思，好不容易擠出四個字：

「很大的門。」

不對啦！侯門以前是大官的住宅，後來引申為有錢或顯貴的家庭。解釋完過了十秒，媽媽再問一次：

「什麼叫侯門？」媽媽很淡定地期待女兒的標準答案，女兒也胸有成竹地回答：

「很大的門。」我們家笑得前仰後翻。

又有一次評量上的錯題，媽媽解釋給女兒聽，「由於黃河經常發生水災，不得不……。」

商代國都經常遷徙有此一原因，媽媽把答案說了三、四次後，再問女兒「商代為何遷都？」

「……」

女兒答不出來。媽媽雖氣炸了，但還是耐住性子慢慢教，總不能放棄，女兒就是這樣一塊磚一塊磚疊上來的，外人是難以體會箇中辛酸的。

「噓！小聲點，姊姊在讀書！」

女兒剛上國一，我們全家戰戰兢兢，深怕她的記憶力無法負荷國中加深加重的課業，但弟弟依然狀況外。這一年我與太太都是以姊姊為優先考量，姊姊讀書時不准弟弟出聲，但這樣做就忽略了弟弟的感受。

從分房、分桌讀書，到洗澡姊姊先洗、看光碟內容以姊姊的課程為主，連吹個笛子也不能在客廳，被趕到大房間去……。對弟弟來說有點不公平，他非常不服氣，開始吃醋、抱怨。

「在家裡什麼都以姊姊為主，姊讀書要小聲，姊在客廳不能吵，要到書房寫字什麼都要讓她……。姊姊像是『自強號』，而我只能當個『小莒光號』每次都要讓自強號先過，姊的事要緊，姊的時間寶貴……，為什麼都是我這個小的要讓大的？」

林林總總的抱怨，都指向我們作父母的很偏心。但手心手背都是肉，我們怎可能厚此薄彼？

放ＤＶＤ教學片，也是以姊姊課程為主，因為弟弟記性好，提早學沒問題。高中數學姊姊要看四次才會，而弟弟看一次就會，那應該以誰的需要為優先？以記憶速度來說，一輛是區間車，弟弟這輛是自強號，怎麼比呢？兩輛都是我的孩子，想讓他們同時到達目的地，到底是區間車要讓自強號先過，抑或是自強號要先讓區間車？

我和太太一直向他解釋，你本身絕不是莒光號，而是高鐵的材料。姊動作慢、反應慢、理解力不佳，尤其記憶力「驚人」，你又不是不知道。你稍讓一下，讓姊姊做你的先遣部隊，我們有寶貴的經驗後，明年你會很好做事，輕輕鬆鬆順著軌道走即可，不必像姊那麼辛苦啊！我也舉例給他聽：

「如果不是她戴塑型眼鏡的經驗複製給你，怎可能才近視一、兩百？如果不是她當你的墊腳石，你不會一路上那麼順利。什麼都是姊姊先學、先闖、先冒險，你都撿現成不費吹灰之力。你要感謝她而不是嫉妒、計較。」

「現在姊姊國一，讓她啦！」媽媽軟訴求、哀兵政策。

「那我國一時，換她讓我囉？」兒子反問。

「沒有啦！你一路讓。」開玩笑，一路讓？你當姊姊是救護車喔！我必須一路讓？笨媽這種說法兒子怎可能接受？自己邊說還會心虛「噗嗤」邊笑了出來，被看破手腳。

「噓！不要吵！等下媽再告訴你為什麼？」

「你不用講啦！你講的我都會背了。姊動作慢，我動作快，所以讓她；姊記性差，我記憶力強，所以要讓她……」

媽媽嚇一跳，怎麼他都知道，還一字不差沒有跳針？「你能這樣想，真棒！將來要拚大事業的人，怎麼會這麼小家子氣斤斤計較？再怎麼樣我們都是一家人啊！」媽媽趕快稱讚的說。

在家中，我們作父母的，只能扮好電聯車的角色，必須耐心等著自強號、莒光號安全開走後，才敢放心的卸下重擔，安心收拾剩下的殘局，這就是「天下父母心」啊！

為什麼都要以姊姊為主？

我這樣做，姊姊沒話說，
弟弟更能體會出我們的用心良苦，
沒有誰讓誰，也沒有以誰為主，
更沒有分男女或大小，
完全就事論事，依個人需要分配。

小時候兒子不懂，很愛計較，常常抱怨：「為什麼做什麼事都以姊姊為主？」

每個孩子的天賦不同，弟弟可以一邊聽音樂一邊背書，一心好幾用。每次他和姊姊一起看教學光碟時，還可以一邊寫學校功課，看數學時他寫英文；看英文時他寫生物。每次說他不認真時，他又辯說自己有這個能力。

在學校也是這樣，老師上國文，他在底下寫數學；上數學他寫英文，多次被老師糾正，誤以為是我這個老爸給孩子這麼大的壓力，逼得這麼緊？其實那是他能力強、資質夠。都是同一家工廠製造，為什麼卸貨時一個是優良品，另一個卻是瑕疵品？

姊姊怕吵又記不住，弟弟背一分鐘，她卻要背五分鐘，同一時間還只能做一項事情，慢又沒效率。與生俱來的資質，好的菁華部分都被弟弟一人瓜分走了，請問老天爺公平嗎？

聰明的孩子往往只看到自己利益損失的這一面，但自己擁有好的那些都沒提。我們當父母的要看全面，兩個孩子不可能放資質較差的那一個去自生自滅。如果犧牲一個，全力培養另一個，這不是我們做父母的會去做的。

我用這樣的比喻提醒兒子：「你們姊弟的學習好像要去外婆家，你的記性就像中山高短又直，沒塞車時可以很快開到台南外婆家；姊姊像北二高既彎又長，要如何同時開車又花差不多時間及金錢到達外婆家？唯有讓中山高塞車一下子，北二高則要收費打點折扣。我現在就是在想辦法讓姊姊這條北二高不能塞車，才能和你這條中山高並駕齊驅啊！以你為主，中山高沒塞車，北二高大塞，請問姊姊什麼時候到得了外婆家？」

我和太太費了好大的功夫和唇舌，兒子終於釋懷，知道理虧，甘願讓姊姊、以姊姊為主。

兒子自稱有閱讀障礙及睡眠障礙，很難入睡，因此很怕換床。幾個月前，岳父母和一位女性友人上台北，我們家只有大房能睡四人，和太太商量結果決定讓高三功課繁重的兒子及太太睡原位，岳母及女性友人睡房間，我、岳父及女兒睡客廳沙發。

怎麼這樣分？為什麼要這麼麻煩？只要讓弟弟睡客廳，姊姊不動，這樣女生不就可以剛好一間？

大家有所不知了，女兒和我都是很好入睡的那種人，就算睡在豬圈裡照樣很好睡，不必兩分鐘就見到周公了；但太太和兒子很難。

所以我考量的不是男女，而是個人體質，唯有如此，姊弟倆才能同時夢到周公，兩個都能睡。我這樣做，姊姊沒話說，弟弟更能體會出我們的用心良苦，沒有誰讓誰，也沒有以誰為主，更沒有分男女或大小，完全就事論事，依個人需要分配。

真正的公平，不是從你現在看到的開始算，而是要打從娘胎基因開始，「公平」二字才能經得起時間的考驗，不然都是表面的假公平。

你們大人都偏心

經過父母長期解說、比喻，兩姊弟都認為快樂當自己最好，要儘量放大對方的優點。就如我看姊姊努力認真有態度，看弟弟資質聰穎。

前幾年到南投埔里演講，結束後一位媽媽向我訴苦，她家姊姊都不讓妹妹，而在場的姊姊則反擊說爸媽偏心，對妹妹較好。妹妹不如她聰明、伶牙俐齒，自然惹人疼惜。我說：

「好，那麼叫妹妹讓你，換爸媽對你比較好，但妹妹比較聰明，對調過來要不要？」

「不要！」小女孩連忙搖頭大聲拒絕。

「原本說爸媽偏心，現在要對調也不要，大人是看全面，你只看你自己，只想分到好的部分，請問這又公平嗎？」

「你們大人都偏心！」這句話在別的家庭是大的要讓小的，在我們家卻是小的要讓大的。

雖然兒子自認樣樣行，籃球、躲避球、笛子、數學、英文、電腦、跑步……沒有一樣難得倒他，但在家我們是看態度，而不是以成績為標準。

所以，在我們家，姊姊並不會活在弟弟的陰影之下，弟弟更不可能以功課好而受優待，做出任何不對的行為。

弟弟就曾經抗議，姊姊歷史四十五分沒事，還被安慰，自己常考一百卻還被罵，媽媽於是說重話了。

「她已經背得要死要命了，認真又盡力，好不容易才考到四十五分，難道還要罵她？而你的一百分是靠天生的資質，不費吹灰之力，隨便考一考而已。輕浮不屑的態度和滿分是兩回事，既然你說不公平，那你來當較不聰明的姊姊好了。」

「不要！」

「說不公平又不要換，那什麼好的都給你，老天爺又公平了嗎？對姊姊又公平了嗎？」

「算了，我犧牲一點，不要跟她計較。」

兒子認為姊姊的頭腦很可怕，自然不想當她。媽媽反問女兒願不願當弟弟，既然你也說不公平，羨慕他這麼聰明，又跟在你後面取經驗，可是調皮、字醜、脫線、人緣差、脾氣不好，常忘了帶課本被老師罰站、點名，常忘了洗臉被父母罵，你確定要當弟弟？

「不要！丟臉死了。」女兒連忙猛力搖頭，毫不考慮就一口回絕，覺得還是當自己比較好。

這就奇怪了？互說不公平、吃味對方，卻又不想互換，這是哪招？矛盾嘛！因為你們只想保有自己好的優點，缺點都不要，但禍福是相依。羨慕對方的話，優缺點都要整個概括承受。

經過父母長期解說、比喻，兩姊弟都能充分理解快樂當自己最好，要儘量放大對方的優點。就如我看姊姊努力認真有態度，看弟弟資質聰穎，都是虎父無犬子，自然龍心大悅；反之，如只一味想到一個頭腦很鈍，一個這麼討人厭，那我每天心情會盪到谷底。

轉個彎多正面思考，就如樂觀者看到的是甜甜圈，悲觀者看到的是窟窿。

老大都是試驗品，真倒楣！

姊弟倆常有說有笑，互相體諒、互相幫忙、互相分享，
完全忘了小學時期，
兩人互槓童言童語的糗事了，
關鍵就是父母排解時智慧的回答。

家家有本難念的經，我家也不例外。不只是兒子會抱怨而已，姊姊也一直覺得很不公平。

「弟弟那麼聰明，像我們班上的資優生，隨便念一念就滿分；同樣背一課英文單字，我要花半小時，弟弟不到十分鐘，考出來分數還比我高！」

「怎麼弟弟都比較幸運？什麼事情都在我後面就好了。像塑型鏡片也是等我近視四百度試戴穩定後，弟弟才去配，現在控制在一、兩百度。凡事我都先衝、先撞、先試，好像試驗品。反正老大都比較衰啦！」

知道連姊姊心中也有怨言時，我也會極力適時化解她的不滿。

「當老大可以說是很倒楣沒錯，但也是最幸運的，端看你看的是哪一面？你無法控制他人，但你可以掌握自己；你無法左右天氣，但你可以改變心情。同理，你

無法決定長幼順序，但你可以正面思考，樂觀看好的那一面。

第一胎是最被全家人期待的，爸媽、阿公、阿嬤滿滿的愛全部是你獨有，集三千寵愛於一身。包括新衣服、玩具都是你先穿、先玩，弟弟都接收你用過、穿過的，小學制服不就是這樣？書桌你先選、位置也是以你優先，而弟弟都選你剩下的。這些都是老大才有的權利。

因為期待高，又是第一個，也許要求會較嚴格。但也因為如此，普遍素質較高、較有氣質，長大了較成氣候。也因為比較懂事，最為父母倚重的第一選擇。第二胎父母自認有老大經驗了，心態上鬆懈許多，不再那麼一板一眼，憐惜小的反而把孩子寵壞了。所謂的老大照書養，老二照豬養。你想當那隻被寵壞的豬，還是那本有氣質的書？」

最新的美國研究人員報告指出，手足之情對於心理健康具有幫助，但這也要看父母如何陪伴引導。許多人都問我同樣的問題，她們會替姊姊擔心，面對弟弟亮麗的成績壓力會不會很大？

剛開始也許會，但靠著父母不斷解說，排解得宜，成績只是其中之一而已，讓孩子知道父母更重視品格及態度，努力才是關鍵，說到孩子信服甘願，彼此間才不會有疙瘩，現在感情很好，水乳交融，不再抱怨、吵架，快樂作自己。女兒怎會有壓力及陰影？一次睡前在床上聊天還開玩笑嗆弟弟：

「只會讀書卻沒能力態度也沒用啦！」聽明的反而被不聽明的取笑，弟弟只能苦笑得內傷，但也沒出口反擊。談到態度，姊姊能活出自我，活出自信，讓聰明的弟弟羨慕。有一天，弟弟忙著準備比賽，姊姊卻悠哉悠哉在書房喊著：

「『尼克隊』有沒有出來啊？」

媽媽很納悶，她根本也沒看籃球，怎麼關心起林書豪咧？

媽：「你要看嗎？」女兒莫名其妙？

爸：「明天才有比賽啦！這次已經四連敗了，心裡一定很不好受。」

姊：「你們兩個在說什麼啊？我是問『滴惠桂』（豬血糕的台語）有沒有出來，今天想吃豬血糕啦！什麼尼克隊？」

弟：「我也是聽成尼克隊！」我說城門樓，你給我聽成火車頭？

四個人雞同鴨講，笑到不行。姊弟倆常有說有笑，互相體諒、互相幫忙、互相分享，取人之長，補己之短。對立的氣氛翻轉為和諧、幽默的革命情感，完全忘了小學時期兩人互槓童言童語的糗事了，解鎮之鑰，功臣就是父母排解時智慧的回答。

我寧願當那隻豬

陪他耗，玩到底，打蛇隨棍上，直搗黃龍，
找出孩子在意的、驚怕的點，反擊回去就對了。
調皮的孩子遇到我，會被我打回原形；
但一竅不通的父母，就只能七竅生煙了。

去年的一個晚上，剛好看到一位老師在電視上演講，提到一位孩子跟著媽媽去拜拜，媽媽很虔誠的在拜佛祖。

這時賣「ㄅㄚˇㄅㄨ」（冰淇淋）的經過，孩子一直來吵媽要買冰。

「你不要吵啦！我在拜佛祖。」媽很專注，但孩子很急：

「媽，佛祖等下你再拜不會跑掉，但你現在不去買冰，那個賣冰的就會跑掉。」

媽媽聽了好像很有道理，似是而非，這就是聰明的孩子模糊事實，又遇到不會回答的媽媽。如果是這位媽媽，你會先拜完佛祖？還是先去買冰？我不可能先去買冰，陷入孩子的圈套，日後將會沒完沒了。我會馬上告訴孩子：

「佛祖不會跑掉沒錯，但如果你不要吵，讓我誠心拜完，佛祖一定會保佑你等下有更好吃的吃到爽！」

如果靈驗或湊巧又來一輛賣冰的，這回答就算功德圓滿；萬一沒來，就專程去買給他吃吧！如此一來，孩子以後就會乖乖服你的話。

對於腦筋轉得快的孩子，千萬不能以正常思維的話去回答他的歪理，不然絕對落入這孩子的圈套。要以他的歪理想出更歪的理，才能反制回去。

上一篇談到「老大照書養，老二照豬養」，在家裡乖乖牌的女兒，一定認為我說的有理，不可能再頂回來，當然是要當一本有氣質的書。但萬一老大是像我兒子那樣調皮，故意回答「我寧願當那隻豬」，不就換大人沒話說了氣勢馬上矮一截？但我不會這樣輕輕放過，我會告訴他：

「好，既然你想當那隻豬，我也沒意見。豬是不會看電視、上網、打電動的，更不可能吹冷氣、洗澡，晚餐時我就會去收集餿水。」

為了讓孩子說話負責、承受自己的口舌之快，我會真的去拿餿水，讓孩子知道飯可亂吃，話不能亂說，讓孩子馬上感受他說的、他要的實境。不管好的、不好的都給，不能只想要你要的部分，不好的也必須一起打包。

姊姊高一時，我花了近萬元，買了一台新的翻譯機，彩色螢幕功能超多，單字量夠，弟弟吃醋向我抗議：「姊姊都有新的了」。我回應他：

「這就奇怪了，你不是想當老二成為豬，為什麼又來羨慕老大什麼都先有，都是最新的？」

我提這段是父母要從日常生活中找出孩子自相矛盾的話或行為堵回去就賓果了。既羨慕老大又不想成為試驗品？那什麼好的都給你，也不用爭當老大、老二，我這個老爸讓你當好了，你可以再頂我「好啊」？那你賺錢我讀書！

聰明孩子頂嘴沒有邏輯，父母回答也一定要跳脫思維，如果還是以老掉牙的傳統答案及作法回孩子，勢必未戰先敗！

兒子很愛搞怪，有次趁媽媽離開時在她臉書寫「啦」，至少複製一千次，媽看到大為光火喝止：

「不要動我的電腦！整個版面都被你給『啦』滿了。」兒子好得意，因為大人愈抓狂，他就愈高興，這本來就是他惡搞的目的，因此很有成就感。

這時我教太太將計就計，故意大聲喊：

「給他PO上去！就說這是我兒子弄的。」這下換兒子緊張嚇破膽了，愛面子的他，知道這樣是會破壞自己形象的。等媽媽一離開電腦時，他又急得找出剛才惡搞的畫面，馬上刪掉。

陪他耗，玩到底，打蛇隨棍上，直搗黃龍，找出孩子在意的、驚怕的點，反擊回去就對了。調皮的孩子遇到我，會被我打回原形；但一竅不通的父母，就只能七竅生煙了。

弟弟都那麼調皮，很討厭！

我告訴姊姊，
別妄想有個聰明又不調皮的。
如果有這麼好的事，
你自己變聰明就好了。

一般而言，只要是兄弟姊妹，在小時候難免心存芥蒂、時有齟齬，在我家當然也不例外，這都是普遍、正常現象。

我家姊姊雖是乖乖牌，和同學都相處得不錯，謙沖有禮，奇怪的是在中、小學期間，就是和弟弟互看不對盤。寧願自己吃虧，也不占別人便宜的姊姊，唯獨針對弟弟，不讓就不讓。

她自己是個中規中矩的人，看到弟弟那麼調皮，總是很反感，很討厭。女兒國三時生活小日記上就這樣寫著：

「就是因為弟弟這麼頑皮，我才不怎麼喜歡和他在一起。每次寫功課時，他一定要發出怪聲吵我，他才高興！現在要基測了，如果每天和弟弟這種人在家裡，肯定讀不好書，過不久就會瘋掉。

幸好現在每天學校都有留晚自習，可以脫離弟弟的魔掌。本來假日只有去晚上的魔考班，為了避免在家『讀書』，臨時決定去下午的自習，等於待在家的時間，真的少到不能再少。

爸爸、媽媽說，我不在家時弟弟都很安靜，當我回家時，怪聲又出來了，並且對我說：『你不在，我好無聊喔！』奇怪！難道吵我是他的樂趣之一？

還好！我現在大部分都不在家，否則我的基測應該完蛋了……哈哈！頑皮的弟弟。」

想不到傻傻的姊姊，也有滿腹委曲及牢騷，三不五時都會講一下，心中較為舒坦。尤其弟弟的調皮，已經踩到她的紅線，簡直到了不可原諒的地步，幾乎快翻臉，更常向父母告狀。

我也覺得很煩，兩個孩子小學時常鬥嘴、吵架，公說公有理，婆說婆有理，常常要動用我這個包青天仲裁，當和事佬排解糾紛。

直到國中有一天，姊姊老調重彈又在翻舊帳，抱怨弟弟怎麼那麼調皮，真討厭耶！媽媽聽到反問她：

「弟弟如果不是調皮，會這麼聰明嗎？請問你現在數學問誰？物理又是誰教你的啊？」

這時姊姊才啞口無言。多想想對方的好處，你希望弟弟是不調皮又不聰明，也不會教你數學、物理嗎？如果不是弟弟，姊姊的理科早掛了。我告訴姊姊，別妄想有個聰明又不調皮的。如果有這麼好的事，你自己變聰明就好了。

女兒覺得有道理，從此以後對弟弟的態度一百八十度大轉變，再也不嫌弟弟調皮討厭了。回想起來這個弟弟雖調皮了點，但一路過來確實幫自己很多忙，尤其在功課方面。

記得有一次弟弟教她數學，教一次不會，兩次不會，教到無奈，露出痛苦表情，搥胸頓足、直苦笑嚷嚷還半哭狀：

「怎麼會這樣？怎麼會這樣（難教）？」兒子很會演，哭得很大聲。

姊姊還一直笑，「盧」了近二十分，終於懂了，弟弟也終於鬆了一口氣，剛走兩步路，

「弟弟，過來，還是不懂！」看到兒子直接昏倒在地板上，最後來來回回教了五、六次。這種弟弟哪裡找？

有眼不識寶，靈芝你當蓬草？

你比較愛弟弟

一般我們會認為大的比較懂事，
理所當然要讓小的，
不要跟不懂的計較。
但到底是懂事的要教？
還是不懂的要教呢？

只要是人、都有類似通病，同情弱者，不管較小的或較老的，有時第一時間會造成誤判情勢，錯判結果。

轎車撞到機車一定是轎車錯？機車撞到行人一定是機車錯？所以在家大的要讓小的、男的要讓女的、功課不好的要讓功課好的？

如果家長這樣盲目，如此是非不分，大的會很不平，小的會被你寵壞，兩敗俱傷、一無所有，長大後兩個孩子都會對你不滿，當然更不是比誰可憐、比誰先哭。

一位曾來我家上六小時課的媽媽，因孩子太聰明無法招架，耍脾氣不寫功課，拖拖拉拉、心不在焉、消極抵制，媽媽叫也不太甩，打電話來問怎麼辦？一問之下才知道孩子想玩平板，媽媽不准，認為浪費時間又近視了才禁止，所以鬱鬱寡歡、做功課不積極。

「寫完功課你可以讓他玩，以一天半小時為主，但玩了平板就沒有半小時的卡通囉！先講清楚，完全禁止是不對的，讓他失去動力。不妨先陪弟弟做功課，暫時冷落哥哥一下。」

「可是他會說我比較愛弟弟。」以前可能哥哥常頂媽媽這句話習慣了，媽媽也因不會回答，怕這句話又來了。我建議她要這樣回答：

「我是比較愛乖巧聽話的孩子。是你不寫功課、不讓我陪，而弟弟非常配合我、聽我的話，我只好先陪弟弟。如果你也這麼專心、聽話，我馬上陪你，也會更愛你。」

媽媽的回答要做球給哥哥，把責任推回給哥哥。孩子就是這麼單純，果然成績大有改善，媽媽打來感謝，讀小二的哥哥已改善許多，不再拖拖拉拉。

另一位媽媽也怕被老大誤會父母比較疼小的，只要弟弟有的玩具，哥哥一定要有。弟弟表現好，爸媽買玩具獎勵，但怕哥哥吃醋說比較愛弟弟、不公平，所以也買一份玩具給哥哥，結果哥哥的表現不是很理想，父母不知怎麼辦？

這叫另類的不公平，表面上很公平，實際上呢？只在意哥哥的想法，難道弟弟的想法能不在意嗎？莫非是要弟弟以後學哥哥一樣，表現不好一樣有獎勵？父母如能堅持實質公平，坐一望二至少有一個好。而表面公平呢？兩個都好不了。

另一位上過我課的媽媽，也犯了大的一定要讓小的迷思當中。只要兄弟倆吵架，不分青紅皂白，一定只打哥哥，要老大讓弟弟。此舉也讓老大心生不滿，「都是弟弟害我被打」，同時也把小的寵成「凡事一定自己對」，裝可憐，先哭就對了。

我勸媽媽不能再打上小一的哥哥，孩子已有自尊也會記恨，更沒有「大的一定要讓小的」這種歪理。

一般我們會認為大的比較懂事，理所當然要讓小的，不要跟不懂的計較。但到底是懂事的要教？還是不懂的要教呢？

兩年之後，太太問這孩子：「媽媽還有沒有打你啊？」孩子高興的答說：「沒有」。目前這孩子讀書很快樂，被父母教育得也很傑出，懂得感恩，過年過節一定打電話來祝賀，乖巧有禮貌，功課極突出，也不再記恨弟弟了。

只要爸媽做到真公平，自然能讓孩子心服口服，不再只會揎拳捋袖了。

你們標準不一啦！

父母對於孩子，
沒有喜歡或討厭的權利。
抱怨孩子大了愈來愈難教？
其實是你沒用心聽進孩子的話。

應邀到新北市一所小學演講，九點結束後，一位女老師告訴我，她兒子和我兒子一樣脫線常掉東掉西，她女兒直喊不公平、怎麼可以這樣？

我告訴她：「那是你處理不好，也不會說話。」

花了五分鐘，告訴這位老師我家的例子及作法後，臨走前她告訴我：「我知道該怎麼做了」。

孩子如果在小時候，兄弟姊妹有紛爭時，父母又處理不好，孩子成長過程裡恐留有陰影，以及原本不該發生的後遺症。

太太曾經接了一通電話，談了一個多小時，解答一位讀者媽媽的疑惑。對方抱怨怎麼老大這麼難帶？這麼不聽話？補習功課也平平，上課也不專心，常故意和老師唱反調，功課不想寫就放著，通知家長也不怕，渾渾噩噩混日子，過一天算一天。

但細談之下才知，問題出在大人的標準不一，可憐、同情小的，對大的標準較嚴格，媽媽以自己的標準論公平，沒按照當初的遊戲規則。當老大犯錯，踩到你的紅線，你就禁足、就扣零用錢，毫不手軟留情面；反觀妹妹犯錯卻不見動靜。哥哥看在眼底，向媽媽抗議，得到的答案居然是「妹妹犯的比較輕微」而輕輕放過。

長期累積多年的不滿，無力改變大人的偏心，國中的哥哥只能消極無言的抗議，選擇改變自己，自我擺爛。小學你壓得了他，但青春期懂得反撲了。如何打開這個結？

太太建議她找個時間，坐下來跟孩子好好談一談，該道歉的道歉，該修正的修正，大家重新歸零，保證此後不再偏袒了。

關係回不去是父母做得不夠、感動得不夠、陪伴彌補得不夠；如果做到夠了，你的孩子一定回得來。

兒子小學時有一同學，長期活在姊姊的陰影下，以前成績很差，參加籃球隊後，這次終於考了個第三名，向兒子說出藏在心中已久的祕密：

「姊姊都第一名，我都沒有，在家永遠沒有地位。」

這位同學資質夠，但自信心卻被父母比了下去，太太聽到後，哈哈大笑告訴兒子：

「你不會對他說，我從一年級到六年級都第一名，在家也沒什麼地位，不要難過。」

許多姊妹從小失和，兄弟長大翻臉、同室操戈的例子，大部分都源自父母的偏頗或處置不當。

新聞曾經報導，有一小六女學童覺得「爸媽對姊姊比較好」，想不開竟留下遺書，打算和網友一起尋短。

也有一位高一男同學，認為父母較疼愛弟弟，因此心情沮喪從學校三樓往下跳；甚至有殺死母兄的，只因父母偏愛哥哥及弟弟。

父母對於孩子，沒有喜歡或討厭的權利。抱怨孩子大了愈來愈難教？其實是你沒用心聽進孩子的話，許多問題可能孩子老早就反映過，麻煩出來後又怪罪於孩子不聽話，沒道理更不公平。

一尺布，尚可縫；一斗粟，尚可舂；兄弟二人不相容？至親不傷百年和啊！

Part 3

怎樣解決孩子沉迷電玩？

電玩不是不能打，而是不要打太久。
我兒子的同學，隨便打一打都上校隊，
最後出國比賽得獎，還因此保送大學，
這種肯定自我的打法才有意義，
誰說電玩不能打？是看你怎麼打！

小時候可以，現在為什麼不行？

讓孩子彈性決定時間，自我負責、自我承受，甚至無限暢飲，前題是在不影響課業之下。

去年底有一場在桃園大溪的仁和國中，周六上午三小時的演講，聽眾非常踴躍，多達三、四百人的家長及國中生。

結束前第一位媽媽就舉手發問，她說自己的孩子打電動已到沉迷的程度，問我該怎麼辦？我看到台下一片「髮浪」連續的在點頭，顯然大家心有戚戚焉，原來這已是普遍現象。

「成績好不好？」

「還不錯！」

這個孩子屬聰明型，只是未定型，以致自制力不好，國中功課還可靠自己的資質應付過去，高中就會出問題。自制力不好的原因在於小學功課少、時間多，大人也圖方便、忘了陪，把孩子丟給電腦，反正功課也不錯，優待一點無所謂。

沒有規範之下，習慣模式就是這樣，無限暢飲。到國中了，父母緊張了，卻也管不了，孩子認為自己的娛樂時間被剝奪，因為以前小學可以，現在為什麼不行？

小學半票，現在還可以半票嗎？小學吃飯吃半碗，現在還吃半碗嗎？我建議這媽媽先要了解，孩子打電動的最大原因是沉迷或是抒壓，之後再來對症下藥。

沒有自制力的沉迷，是孩子小學時媽媽的默許縱容、沒節制、沒遊戲規則所致。這時也可由爸爸出來扮黑臉，媽媽再推說是爸爸有意見。先承認以前是新手媽媽不懂、不對，現在你國中了，需要重新修正一下，等考上高中再恢復開放。

一下子要改並不容易，也會引起孩子反彈，倒不如來個道德勸說或談個條件，以每天固定半小時到一小時為基準，功課進步可加時間五分、十分，但退步也要扣個五分、十分，視進退步的幅度，事先講好大家甘願。

孩子畢竟已升上國中了，父母要沉得住氣，等待時機，不要馬上全面禁止，惹得青春期的孩子不爽賭氣，功課擺爛反而不好。反之，功課沒掉，電動應視為孩子的激勵、期待、抒壓的原動力，關鍵在於有沒有和孩子事先約定每天固定時間。

兒子在小學時期也是非常沉迷電動，幸好我抓得很緊。有次英文五分只考一分，表現太差，理由是讀錯頁，頻頻說下次要雪恥。到了星期六早上，家教英文老師快來了，兒子還在打電腦，我叫他下來了背單字，他說還有七分鐘……。

結果來不及背，這一次考兩分，媽媽抓狂。怕媽媽扣全學期的電腦，自己先承認不對，並自動扣一天不打。我笑他七分鐘捨不得，結果少打一天四十分，這樣得不償失。但為什麼是扣四十分？因為之前表現好可多加十分，表現不好自然扣回來，大家沒話說。

國小壓力小，無需靠電動抒壓，所以半小時解解渴可以接受。國中可加長十分鐘，功課好、壓力大，靠打電動抒壓無可厚非；但如果功課不好表示壓力不大，又何需減壓？既不需減壓就不必打那麼久。

高中道理也是一樣，假如孩子的態度沒問題、我認為應該開放讓孩子彈性決定時間，自我負責、自我承受，甚至無限暢飲，前題是在不影響課業之下。反之，退步或表現不好，福利就收回來。總之、可粗略用兩種分法：

一、以年齡分：國小固定時間，國中略長，高中開放。

二、以態度分：表現好多打，反之少打。

而我的經驗是交叉運用，同時考慮年齡和態度，講到孩子甘願，講到他爽，慢慢修正，很難一次到位，除非持續追蹤、堅持。

前幾年台南曾有位十歲男童，在遊藝場打電玩遭割頸殺害，母親才後悔說出內心話：「兒子乖巧，但從小愛打電玩，因未影響課業，也就睜一隻眼閉一隻眼。」

這真是愛之適足以害之！

這也讓我想起，幾年前到北投國中演講時，一位媽媽很善良，心腸又軟。提及獨生女兒上高中後，課業完全沒自信，數學不好，補習回來後又沒時間睡，假日除非要補習，總想睡到自然醒。讀私立高中又怕被留級，媽媽總是一直鼓勵沒有苛責，但女兒似乎沒有聽進去，回到家就想打電動弄到十一、二點才睡，第二天又緊張，沒時間看書，放學回來又忘了。媽媽心想孩子功課緊很可憐讓她休閒，結果叫也叫不起來了。日復一日講也講不聽，認為現在孩子就是這樣，也不知怎麼辦？

「從小被你的沒原則寵壞了而不自知，是誰默許的？要是我會好好的坐下來談一談，不聽？如果留級能改變孩子的沉迷，我會讓孩子留級，至少學會負責及承受。」另外作法的一位父親會設定時間，時間一到會提醒關機。有一次時間到了，孩子告訴他說還剩幾秒就能破關，他直接把帳號全部刪掉。所以孩子會沉迷，到底是誰的不對？

小時候習慣把孩子交給電視、電腦，小時候不管，長大當然管不了他。沉迷網路絕非只是單方面孩子的錯而已，父母的問題更大！還是要多花點時間陪陪孩子，別讓孩子的唯一朋友是那冷冰冰的電腦。

為什麼我不能打電動？

他們隨便打一打都上校隊，
最後出國比賽得獎，
還因此保送大學。
誰說電動不能打？
是看你怎麼打！

在這三C時代，孩子最多的抱怨往往就是：「為什麼我不能打電動？」而媽媽禁止的理由也很簡單，「打太多會影響課業」。

但這種回答孩子怎麼可能會接受？萬一孩子反駁，「你不讓我打，功課也沒進步啊？」媽媽的臉這時大概就綠了。

我的兩個孩子讀國小、國中時，除非說謊、表現很差或打超過了講好的時間，不然每天都有固定的電動時間，表現好可加分，讓孩子有動力、有期待。完全禁止或打太多，這樣過與不及都是不對的。所以我教媽媽這樣的回答，會比完全禁止更具說服力。

「我沒說不能打，但至少不能影響功課；如果影響到了功課，就表示打太多了，時間必須作調整。長時間熬夜上網，免疫力會下降，打太久不休息，近視加深，縱然你功課很好，傷身傷眼就已經不對了，何況你自認功課很好嗎？」

電動是激發孩子上進用功的動力，可是孩子他動了嗎？有動，父母不給他打，這是父母的錯；但今天孩子沒動，父母還是一直讓他打，父母的錯就更大。

孩子表現好，多加幾分鐘的電動時間，這樣的調整我都能接受；但不能退步又想多打，難道父母要鼓勵一個不用功的孩子？

父母因孩子功課壓力大，就讓他打，這麼做不對。抒壓固然應該，但課業表現不好，又有何壓力需要抒解呢？既然沒壓力又為何要打？

孩子功課很差，又告訴父母壓力很大；表現不好，又要求電動要打很久，父母應該接受嗎？如果答應了，就不是一個好父母，因為這樣放縱等於間接害了他，剝奪他的學習時間，成為他墮落的幫凶。

自制力不夠的孩子，日後是難以成大器的。孩子想打多久電動，就請他拿出實力來證明。要告訴孩子：「球是在你手上，有決定權的人是你，不是我啊！」

孩子今天會沉迷在網路世界，很多是小時候沒人陪伴、自己在家，只有電腦陪他，因而上網成習，長大當然也習慣找電腦不讓你陪了。這時父母又不爽，想要孩子遠離三C產品？父母啊父母！你們才是始作俑者。

父母不該把三C產品當奶嘴，孩子過早接觸，容易注意力不集中，無法控制情緒，只會滑手機，只對平板有興趣，這樣就不再吵鬧，父母開始樂得輕鬆。

習慣電動長大的青少年，也不懂得和左鄰右舍打招呼，只想當低頭族滑手機。三C產品讓人變冷漠，沒有人情味，尤以大城市最為明顯。城裡人下鄉，有人出來迎；鄉下人進城，無人問姓名。

有些父母自己都三C中毒甚深，一刻也離不開手機，火車上、捷運上、甚至機車等個紅燈、浴室洗個澡，都耐不住寂寞。這種身教當然會讓你的孩子跟著沉迷，這叫大狗爬牆，小狗看樣。這樣的父母當然管不了孩子，但又是誰從小讓他們成為習性的？

電動不是不能打，而是不要打太久，要懂得自我克制。每打三十分鐘要休息一下，也不能忘了讀書。孩子若有天分，也可以打出好成績。我兒子的同學，隨便打一打都上校隊，最後出國比賽得獎，還因此保送大學，這種肯定自我的打法才有意義，誰說電動不能打？是看你怎麼打！

打電動會近視，讀書也會啊？

遇到耍嘴皮子的調皮孩子，
不能以正常答案回答，
不然會被他吃得死死的。
要善用時機，
用幽默讓孩子自投羅網。

「你寫那麼久了，一個『為什麼不能打電動』還沒寫出來？」太太在客廳大聲質疑我，我還沒來得及回答，在書房裡不甘寂寞的兒子已衝了出來，說出自以為是的小聰明：

「爸爸一定是在寫近視！」

「沒錯，但會造成近視，只是不能打電動太久的原因之一而已。」

「打電動會近視，但讀書也會近視啊！既然都一樣，還是不要讀書好了。」

父母遇到孩子這種故意攪局的歪理雄辯，千萬要耐住性子，不要忙著生氣，反而要善用時機，用幽默讓孩子自投羅網。

像我就是這樣，我只用鎮定與微笑向兒子說一聲「謝謝」。兒子原本氣勢十足、想要故意耍我的得意表情不見了，覺得莫名其妙，爸爸從來沒有這麼有禮貌過的啊？搞不清楚狀況的他自言自語：「就這樣嗎？」

媽媽大笑解釋：「就是這樣，你爸爸寫著寫著已沒有什麼好寫了，你這麼一插嘴，他當然要謝謝你的寶貴意見。」

我隨即再補上一槍：「沒錯，你的話被我當成笑話，大概可以再寫兩張。」

我沒有完全反對孩子打電動，只是強調眼睛需要休息，因此即使是讀書，我也照樣叫孩子們，每隔半小時就要起來動一動。

讀書與打電動雖然都會得近視，但打電動的快樂很快就會過去，而讀書的快樂卻會保留一輩子，等級天壤之別。我問兒子：

「到台南外婆家，你就坐電聯車十個小時也可以到，那又何必坐四小時就能到的自強號？反正一樣會到。電信公司讓你上網吃到飽，那你晚餐不要再喊餓了，反正一樣是吃到飽？既然都一樣，我就照你的意思去做好了！」

兒子覺得又被反將了一軍，笑一笑、無趣的鑽入書房。

在現今這三C時代，有些學童一天要玩到三、四個小時，兩個月的暑假下來，近視惡化一百度，家長後悔也來不及了。

還有一位沉迷網路的男子，一碰到電腦連飯都忘了吃，一路打到掛。這不是形容詞，是店家發現他不會動時，其實早已氣絕多時，但兩眼仍注視螢幕、雙手還放在鍵盤上。

女兒去年還有十天就要考大學學測了，我問她：

「你要你媽去陪考嗎？」

「不用啦！」

「本來你不是要求爸爸去陪考？」媽媽反問。

「現在不用了，原本以為是在別的學校考，今年剛好考區就在我們學校，熟得很，所以不用。」

弟弟在旁邊聽到不用陪，也故意插花假好心說「那我陪你去好了」。有口無心的弟弟以為姊姊會說：「不用了」，哪知姊姊笑笑的回答：「好啊！我等你。」反將弟弟一軍。

「靠右邊走啦！你自己去就可以了。」多嘴的兒子玩到自己，但那是他自找的。遇到這種只會耍嘴皮子的調皮孩子，不能以正常答案回答，不然會被他吃得死死的，現在連姊姊長大了，也已學會了對付他的方式。

你不讓我打，功課也沒進步啊？

這不是電腦的問題，
而是心態上的問題。
許多孩子從小就非常聰明，
懂得和父母耍心機，
直到父母投降為止。

有位讀者問我，她讀國一的兒子白天上課，下課回家就無所事事，從不溫習功課。雖然學業中上，但複習功課就是興趣缺缺。她不知要如何與強勢又叛逆的「男生」溝通？只是感嘆父母難為。

但是在我看來，大多數的父母不是難為，是不會為，也不知該如何為，或以前沒有為。

孩子讀書提不起勁？原因還是大多與父母有關。要禁止孩子用電腦嗎？當然不是這樣！父母應該是要知道如何給，給得漂亮，要有價值、有意義的給，孩子才會有動力讀書。

另一位媽媽看完了我第五本書《不補習也能教出金牌兒》後，留言問我，提及她讀建中與我兒子同一屆的兒子，最近成績直直落，原因無他，迷上線上遊戲。

他每天一下課就上網，這次段考甚至三科不及格，老公氣到要她轉告兒子，暑假開始到考上大學前，電腦必須搬出房間，媽媽不知要如何開口和兒子溝通，只好求救於我。

她的孩子主觀意識極強，需找個孩子能服他的人來談才有用，不然電腦搬到美國還是一樣，因為他的心也跟著電腦跑掉了。何況他還可以到外面打，可以在學校借同學的平板或手機來打，甚至有的學校也發平板，人手一機，你怎麼禁？禁不了，成績也沒上來，因為他不爽。

這一看就知道以前功課好時、爸媽對孩子打電動用多少時間都無所謂；但如今麻煩來了，高中的課業很重，加上建中的同學個個臥虎藏龍，都是全台各地的菁英，程度一個比一個棒，很多甚至就是「怪咖」，她的孩子已經無法再以小聰明得到好分數了。

孩子的習慣與情緒，長期被父母縱容，如今要限制他打電動的時間，其實也已經來不及了。我自己也經歷過青春期，深知這不是電腦的問題，而是心態上的問題。

許多孩子從小就非常聰明，懂得和父母耍心機，直到父母投降為止。一位讀者打電話到我家，抱怨她讀小二的兒子個性就是拖拖拉拉，寫個功課慢慢吞吞，有何妙方？

在我看來，這位媽媽制訂的遊戲規則，不是提前不夠，就是誘因不夠。例如她說只有周六、日才給孩子半小時打電動。我說這樣太少，誘因不夠，每天至少要有半小時。

「可是平常讀書時間都不夠了，怎麼還有時間打電動？」

「不是時間不夠，而是效率不好。為何不把打電玩當成孩子的獎勵？做自己喜歡做的事，才是能激勵孩子往前的動力。」

先給孩子打電動的福利，表現不好再收回。也就是讓孩子先欠你人情，以後你講話才有份量，也就是所謂的先給後拿。這位媽媽聽進了我的話，向兒子說：

「徐老師說可以打啦！」

她的孩子好高興，也很感激我，整個精神都上來了。

但是上了國中的孩子，就沒有這麼好說話了。青春期的孩子會賭氣作無言抗議、故意把功課擺爛，讓父母知道「你不讓我打，功課也不會進步」。我會告訴他：

「不會進步也沒關係，至少設了停損點。從現在起，我們一起改變，重新來過。如果你願意，我們約好每天打半小時，進步了就多打一點、退步了就少打一點，這樣很合理吧？」

「甘願」很重要，我自己每天一大早，一定要先看完報紙後才肯做正事。你要強制規定我不能看也可以，但正事我也做得不會那麼完美，因為心裡一直想著有件事還沒做。

孩子也是這樣，俗話說：「雜念姑家（婆婆）出蠻皮媳婦」，管教孩子若不從「心」出發，家裡就永遠上演著貓捉老鼠的老戲碼。

禁止是絕對的錯誤，只是逼孩子把讀書時間耗掉而已，效率極差。要讓孩子每天都有期待、有目標、提得起勁，就是要讓他們服氣。

我都九十八了，你還要怎樣？

孩子在小學時，
棒子和紅蘿蔔必須並用的。
長期用棒子孩子會反彈，
但一直用紅蘿蔔，
也會讓孩子貪得無厭。

一位高中男資優生，不太讀書，只把心思花在電腦上，電動一打就是好幾個小時，理由呢？聽來也很正當：「抒解壓力」。

媽媽沒話說了，但要不擔心是不可能的，因為每一次看不下去，提醒兒子該讀書了，居然被孩子嗆回來：

「我都九十八了，你還要怎樣？」媽媽一聽又啞口無言了。她被聰明的兒子吃得死死的，不會回答這種狡辯，又怎麼有能力引導自己的孩子？

對，考九十八分很厲害，但我告訴這位媽媽：

「你被騙了，你兒子只是在模糊焦點。」

我建議她不要反駁，而是要順著毛摸，抓著他的話尾改走稱讚路線：

「你說得很對！九十八確實很棒，那麼我們就以九十八為基準，進步了再加時間給你，但退步了就減時間，這樣很公平吧？」

這樣的條件，沒幾個高中生敢說好的，因為課程只會愈來愈難，分數會往下降。如果孩子敢賭，分數掉了下來就順勢扣時間，大家都沒話說。但這只是第一回合，初步壓下孩子囂張的氣焰後，我會再講道理。

「一次數學九十八不代表以後都是，一科九十八也上不了好的學校科系。何況功課上的成就感，也是一種抒壓，不是只有靠玩樂。打電動不超過一小時還能叫抒壓，但你打這麼久，已是沉迷了。態度出問題，傷眼、傷身這又對了嗎？」

從小只要有適當機會，我都希望孩子看看新聞，好的我們就學，不好的我會解說，做為警惕。例如報載曾有一位國二生網路成癮，一年多來竟都要母親將飯菜端到電腦桌前，甚至有時還要媽媽餵。這不只是孩子有問題，溺愛的媽媽問題更大。

根據統計，約一成七的國中生線上遊戲成癮；也有年輕爸媽迷網路、電動而疏於照顧，三個月大的女兒一天只餵一次奶，結果因營養不良而夭折。

另一位媽媽說：「我也有像你們這樣溝通，但孩子就是沉迷電動講不聽，限制時間也沒用，拔掉滑鼠立刻抓狂，全家大亂。」

這就是父母從小沒有用心陪孩子的後果，高中的孩子真的不好帶，順他，是害了他；不順他，家裡會有第三次世界大戰。我的讀者群中，就曾有人家裡上演父子為了打電腦而扭打，母親大哭報警處理的荒唐事。

報紙也有刊載，一位十五歲的高中生，每天玩網路遊戲五、六小時以上，父親拔掉網路線，兒子竟怒持電腦砸父親。更有一名國中男老師，只因電腦無法上網，竟被自己的兒子威脅「計時十秒」，「修不好就砍你」。諸如此類的鬧劇層出不窮，尤其高中生血氣方剛，父母不必硬碰硬，此時棉花比石頭更好用，懂得如何引導會比禁止更有用。

電腦在孩子讀國中前，最好放在客廳眾人視線範圍內，孩子比較不會作怪，上網去看色情及暴力，計時也容易。

我們家當初雖然是放在小書房，但螢幕是正對客廳，孩子也不能關門，其實就算關了門也還有窗戶可直望，更何況孩子小學時我都要求他們在客廳寫功課，和電腦桌相隔開。到了國中定型了，孩子才一個一個進到書房。

有的父母一開始就讓孩子關在書房，認為這樣比較安靜，結果孩子東摸摸、西摸摸，偷打電腦也抓不到。如果不是因為房間有窗戶，我還規定不能關門，我家的電腦一定會安裝在客廳，這樣孩子就算偷打也有限。

但有些父母讓孩子鎖著房門，抓他打電動還要敲門提醒：「爸媽要來抓了」，你想這種笨貓還能抓得到老鼠嗎？

約法三章很重要，孩子在小學時，棒子和紅蘿蔔必須並用的。長期用棒子孩子會反彈，但一直用紅蘿蔔，也會讓孩子貪得無厭。

有的父母完全不准孩子玩，有的只給十分鐘，這都不合乎情理，難怪孩子會想辦法偷打或腦袋裡一直想打，反而拖到寫功課的時間。

孩子讀國小時，我們約定每天半小時可打電動或看卡通。如果孩子嫌時間太少，也可集中時間在周六、日，但超過時間下次還要扣回來，甚至用到倒數計時器，很公平。

小學階段的孩子還沒有自制力，所以要有規則，但我不會完全禁止，因為我要他們學會克制、自我承受與負責，這才是他們真正該學到的。

我稍微放鬆一下就在唸

別一味怪罪電腦，
電腦沒有錯，
錯在大人沒學會變通、引導，
錯在孩子沒學會克制、甘願。

有位讀者打電話來，談及她讀建中的兒子，要比賽了還一直打電動？她怕孩子沉迷而制止，結果兒子反彈，母子吵得很不愉快。孩子很不爽的說：

「我好不容易才考上第一志願，為什麼稍微放鬆一下你就在唸？」

太太告訴這位從第一本看到我第五本書的忠實讀者，高中的課業壓力很大，尤其是前幾志願的名校，本來就應該讓認真的孩子有抒解管道，

「可是徐爸爸書上不是說，每天只能打半小時啊？」

「喔！那是孩子國中、小性格未定型之前，為了態度的建立，所以才這麼規定，既然上了高中，態度沒問題，表現又佳，當然可以開放，讓孩子自行調節、自我負責，學會自制力。」

這位媽媽懂了，因為之前陪得夠、付出夠多，感情基礎深，所以和孩子講開後

就沒事了，很容易解決。責任心重、自我要求高的孩子，更要特別注意情緒。即使想叫他一直讀書，他又怎麼可能讀得進去？本來有興趣的，被大人一念，也會變成苦差事，為人父母的不該限制太多。

其實兒子的高中生活，也是靠電動抒壓的，因為我們已經知道他不會沉迷，所以放手全面開放，但我還是會默默觀察。他心情不好或讀不下書時，他會自動看漫畫、打電動一整晚。有一次還一口氣打了兩個多小時的遊戲，把姊姊的電子字典打到沒電，被姊姊臭罵一頓。

起先我也會擔心緊張，但發現他打到差不多時，就會自動離線去讀書，這樣我就放心了。以前我會限制他，希望他學會克制，如今不限制後，反而打太久他自己會有罪惡感，這就是我要的孩子。

有次放學回來，一直打到睡前，他自己內疚的說：

「我今天只做到了目標的三分之一。」

前途是孩子自己的，他能學會承受，就比得到高分更可貴，難過就讓他難過一次吧！以前我們對他打電動是有限制，但現在卻反過來了，媽媽看他壓力大，反而鼓勵他「去打電動啦！」想不到他開玩笑的回答媽媽：

「打你比較快啦！我都沒時間讀書了，還打電動？你自己去打啦！」

現在他已懂得運用時間了，別一味怪罪電腦，電腦沒有錯，錯在大人沒學會變通、引導，錯在孩子沒學會克制、甘願。日前兒子告訴我：

「現在終於體會出什麼叫做『三日不讀書，面目可憎』。」

女兒去年考大學學測前十天，夜自習回家後偶像劇、韓劇、綜藝節目都照看，放輕鬆個三、四十分鐘左右，自己控制得很好。她還告訴我：

「國小同學的臉書已經關閉了，數學考爆可能還要拚指考。班上同學很多在學測前關掉臉書，全力衝刺以防自己受到誘惑。」

我問她：「那麼你怎麼沒關？」

「我覺得花一點時間調節，反而讓心情放鬆，為什麼要關？」

我沒話說，因她做到了，她說的是事實。對她來說，限制反而是不對，開放會讓她做得更好、更甘願，這是她的動力，我稱之為「充電」時間，沒充電哪能有動力？

我的兩個孩子現在已是全自動，他們會自行安排抒壓的時間，全家的心情也都變好了，抱怨變少了。

網內互打，講再久都不用錢！

需要的、該用的、公用的，我出；
想要的、不必用的、私用的，自己出。
孩子摸透也習慣我的個性，
該花的再貴也會花，
該省的再少也要省。

有位忠實讀者打電話來，說她快被兒子氣炸了。因為不善與孩子溝通，自己也不會回答，只能生悶氣、得內傷，親子關係一團糟，孩子卻依然我行我素。

她說孩子和同學講手機，每次都是一、兩個小時起跳，她擔心這樣會排擠到課業，看不下去了就直接開砲：

「講那麼久，電話不用錢嗎？」

「你沒看電視喔？現在網內互打，講再久都不用錢！」媽媽語塞，雖然生氣，明知孩子行為不對，但一時也不知該如何頂回去。

媽媽不會回答，孩子當然繼續做他認為「對」的事，除非父母來硬的，但這樣一來後遺症更大，因為他不服。

在這場親子戰役裡，媽媽犯了戰略錯誤。首先，攻擊點不對，才會被孩子找到破綻回擊，自己破功。如果一開始講錯發現苗頭不對，我會馬上轉回來拉到主戰場，要有自信，要具體，不然現在更夯的line聊天更不用錢？我會這麼說：

「誰告訴你不用錢的？講那麼久充電不用錢？電池加快損耗須再換新也不用錢？把正常時間拿來講電話，延長開燈時間做功課多出的電費不用錢？電磁波傷身，拖到該睡不睡免疫力差，以後看醫生你認為真的都不用錢？」

論事說理，每一件事不能只看表面，應以多方面角度來看它。明者遠見於未萌，智者避禍於無形。不要貪表面有形的小便宜卻失去無形而更重要的健康，花的錢再多也換不回來！

記得兒子小五時，班上兩個男生同時追班花，都是資優生都長得帥，最後當然我兒子略勝一籌。仗著自己數學厲害教班花功課，近水樓台當然月先得。兒子使出渾身解數，先馳得點，班花每天打電話到我家問兒子數學課業。但很奇怪，這位女同學一段時間後突然沒打了，兒子很納悶心急，利用下課一問才知她媽媽規定打電話要付一塊錢電話費，為了省零用錢，所以……。

兒子挺身而出很有義氣告訴她：

「沒關係，以後我每天打給你，我家打的都不用錢。」

啊！我昏倒了，養到這種笨兒子，還宣稱資優生？什麼不用錢？對他而言當然不用錢，是他老爸我付的錢啦！真是「飼老鼠咬布袋」。他因為太忙常常忘了關燈及拔筆電插頭習慣，講也講不聽，也沒感覺到金錢默默流失掉。上個月我慎重警告，絕對要在他書房另裝電表，使用者付費，扣你零用錢。想不到一句玩笑話居然讓他有感覺了，改善不少。

父母要想辦法讓孩子對金錢有節制觀念，不能無限暢飲吃到飽。就曾有媽媽，只要孩子上台北就給錢，實支實付，孩子當然坐高鐵比較快又舒服，後來發現不對重新規定交通費須花自己零用錢，聰明的孩子改搭客運，便宜三分之二左右，花父母的錢不心疼，花自己的？算盤掛在脖子上，算得比你精！

從小太太就交代過兩個孩子，手機是緊急連絡工具，不是聊天用。你打給同學聊天要錢，同學打給你，對方要付，所以長話短說，不要以為對方打來你不用付錢就一直聊，也要為對方省錢，這是習慣，所以我兩個絕不會花時間在手機上。有的讀者打太太手機，看到顯示若為室內電話又知道要討論很久的，太太會請他們打我家室內電話，為對方省錢。

和兩個孩子從小即有默契，需要的、該用的、公用的，我出；想要的、不必用的、私用的，自己出。孩子摸透也習慣我的個性，該花的再貴也會花，該省的再少也要省。

同學都是這樣過的啊？

同學不做，
以後她們是護士；
你如果願意這樣做，
將來你是護理長，
為什麼要和同學一樣呢？

兒子的一位同學，高一升高二那一年的暑假，整天都在打電腦、看漫畫、討論小說。當媽媽的擔心光陰虛度，要他撥點時間看看書，想不到兒子搬出全班當救兵：

「每個同學都是這樣過的啊？」

兩母子講到快吵架，媽媽不相信，於是在班上的臉書網站，問起全班同學，真的是這樣子過的嗎？

在我家是這樣，暑假的每天早上，兒子必定到圖書館報到，下午四點左右回家後再出去打個球。他的自我要求甚高，絕不可能虛擲光陰！看到貼文的這時，他人正在加拿大多倫多，接受為期半個月的英文物理訓練，根本一刻不得閒。

我要太太貼文回應說：「我兒子才不是這樣過的。」

太太卻回說：「我才不要當壞人，連『讚』我也不要按啊！」其實在暑假裡，兒子的生活比平日更警醒。

真的如他同學所說，「每個」同學暑假都這樣嗎？敢讓他媽媽打電話調查嗎？其實只是他的一面之詞，卻拖全班下水當墊背，模糊焦點來合理化自己錯誤行為。有些想偷懶的孩子，為了解除父母心防，進而影響大人的判斷，就會用「大家都一樣」來推拖。

每個人讀書的時間分配與方法都不同，同學都是這樣，不代表你的孩子一定也要這樣。

幾個月前，我在校門口聽到這段對話。都已經快遲到了，有位媽媽才剛載著孩子抵達，孩子一下車，媽媽馬上催促：

「快遲到了，趕快！」

「怕什麼，後面還一大堆人。」

這位媽媽的做法也不對，太晚送孩子到校就該檢討了，聽了孩子這樣的回話，媽媽卻彷彿吃了一顆寬心丸，不再催促。

大家都這樣，不代表大家都對，父母要教導孩子，甚至要以身作則的，就是要反覆要求「做好自己本分」。要與同學相比，就要比誰比較準時，而不是比不對的部分，來彰顯自己並非是最差的。

報載曾有一名國中畢業生，為了籌措註冊費，整個暑假每天剝牡蠣六個小時以上，一整天卻僅能賺兩百元，但只為了繼續升學的夢想，他還是繼續堅持。父母應該提醒孩子：「這種刻苦耐勞的精神及求知慾，你跟他也一樣嗎？」

女兒的高中畢業紀念冊，包裝高貴典雅，先是有一精緻硬外殼包裝，再以特製的美麗大袋子套入，完全不像國中、小那樣，只有一本簡簡單單的冊子那麼陽春，我對女兒說：

「啊？這麼浪費？包裝這麼高級，到最後袋子還不是要丟掉？」

「別人是別人，不會是我。」

對！她回答的真的很對，不好的習慣，為何要和別人一樣？

前些時候很夯的黃色小鴨，熱潮延燒許久，但人潮也一定帶來垃圾潮，民眾缺乏公德心，害小鴨被寶特瓶、保麗龍杯等垃圾包圍。還有賺非分之財沒有誠信的混油事件，低質高賣來欺騙民眾，黑心廠商被抓包後，狡辯的理由都是：

「混油是業界常態。」

別的廠商也有不混油，這些難道就不是常態？何況多數不代表對，常態也不代表對。孩子還小時，父母就有義務要訓練孩子良心的敏銳度。

別人這樣，那是別人的事，我可不可以不要這樣？良心判斷出來是不對的事，就算別人這樣，我也不能跟著這樣。

有一位讀護理系的同學，成績總是不理想，老師建議她：

「放假時你也可以讀書啊？不要只想著玩。」

「才不要！這樣會被人笑，同學都沒人這樣做。」

「同學不做，以後她們是護士；你如果願意這樣做，將來你是護理長，為什麼要和同學一樣呢？」

對啊！梅花香自苦寒來，寶劍鋒從磨礪出。想要成功的人，就是要勇於和別人不一樣。

別人都在玩，為什麼我要超前？

幼而學，壯而行。
孩子今天不走，
明天就要用跑的。
而且就算是用跑的，
都還不一定追得上。

許多人羨慕我，竟還有讀者對我說：「你真好命，孩子才國中，就已開始為你賺錢了。」我聽了莫名其妙，哪有？

「有啊！不用補習，一個月兩個孩子至少省一萬！」這樣說得也是，女兒高中起就當同學的免費家教，尤其是三角函數等高中數學，教到對方還稱讚她很有耐心、很會教。兒子快大一了，也想出去應徵當家教，教國高中數、理。

但奇怪的是，大家都只羨慕我後半段的成果，卻不羨慕我前半段的提前教育。我看過一個家庭中，孩子竟然要有三個補習課程，一個月費用要花到兩萬，聽了很心酸。因為這樣補有用嗎？也不見得。

孩子還小的時候，父母不懂提前學習的好處，因為難免會壓縮到玩的時間，如果可以選，孩子當然一百個不願意。

但孩子可以不懂，大人卻不能不懂，更不該隨之起舞，否則孩子的教育之路會愈來愈累、成績愈來愈差、覺愈睡愈少……，這一切噩夢再幾年後就都會一一實現。不想要這麼可怕的夢魘發生，唯有趁別人還在玩時自己先跑。

曾有一位小二生非常聰明，很會頂嘴，父母都快招架不住。但很奇怪，來我家上了六小時的個別課談話後，服服貼貼，對我和太太畢恭畢敬，非常感激，現在更優秀。

還沒來我家之前，他向媽抱怨：「每個同學都在玩，只有我最可憐，一直寫一直寫……」

「寫多了，以後你寫功課會變得更容易，別人卻沒辦法。」

「也有人不用寫啊？」

孩子的機智反應，搞得大人快發瘋，他們只能欺負不會回答的善良媽媽。要讓這種孩子服氣，不能只靠耍耍嘴皮子，一定要分析、舉證，若有確切數據與周遭實例，就更有說服力。要講他沒有想到的，講他不會講的，講他根本都不會的、連聽都沒聽過的……，氣勢自然回到大人身上，而不是被孩子拉著議題跑。

在玩的同學當中，大略分成兩類，父母應該讓孩子去看看，去算算。有能力大考大玩、卻考得很理想的那些人，都是絕頂聰明的資優生，但大概也只占一成而已。

他們這些人學習能力強、記憶力佳，屬於黑馬型，在任何一個點，他們想要用功時就能比一般生厲害，我們很難達到這種境界，所以課業要提前，到高中才能和他們平起平坐，甚至打敗他們。

那麼其他也在玩，佔九成的一般生呢？現在不努力，以後會很辛苦，要補習、沒時間睡覺，程度又跟不上同學腳步，壓力大、很辛苦、很鬱卒，你真的要和他們一樣後悔？

我告訴那個孩子：「你可以玩，但不必像別人玩得那麼多，只要撥一點時間學習，把時間存下來，將來國、高中後，換同學羨慕你睡得比他們多，玩得比他們多。你可以做到他們想做的，別人卻沒辦法做你想做的。」

我兒子從國中開始，就是享受這種被追到很爽的感覺，但到了高中科學班，才體會出「人外有人，天外有天」，原來追人這麼痛苦。

有人當面問我兒子：「你們小時候怎麼這麼乖？自己就會讀書。」

兒子告訴他：「小時候不懂，還以為每個人都和我一樣，一天到晚都在寫功課，所以也笨笨的寫，不會反彈，長大後才知被我爸騙了。但也很幸運，如果當時我就知道別人都在玩，我也想玩，現在應該已經玩完了。」

所以孩子還小時，我不喜歡孩子到同學家，也盡量不讓同學到我家來，深怕一交流後全破功了，免得他們抱怨：「同學都在玩，我們都在讀書？」一直到長大定型解禁後，兩個孩子才知我們用心良苦。

非資優生的女兒，因為小時候願意苦做實做，一路上不用補習，到高中打敗多少資優生。她大一上學期的成績單，只有三科八十多，其他都是九十以上，同學都稱讚她成績實在「太強」了，誤以為她要轉系呢！她現在充實、快樂得很。弟弟還笑她睡到第四個下巴都出來了，一切的一切都是得力於小時候的超前。

有位媽媽比我更狠，她的孩子喊出「只有我最可憐」時，她就嗆聲：「你要比？怎麼不和徐爸的孩子比？」

一句話就堵住孩子，但我認為這也不好，其實還是應該耐心地告訴孩子，跟自己比才最重要。今天比昨天踏實了嗎？今年比去年更懂事了嗎？國中比國小更成長了嗎？「別人都在玩，為什麼我要超前？」

幼而學，壯而行。孩子今天不走，明天就要用跑的。而且就算是用跑的，都還不一定追得上。

Part 4 怎樣回應孩子分數重不重要？

我說過分數不重要，但沒說過努力及態度不重要。
態度對了，盡力就是滿分，不及格我都能接受，
但我無法接受不及格是因為懶散及浪費光陰。
你要讓我看到了你的努力後，
分數真的一點都不重要。

如果你是歐巴馬

許多父母帶不了自己的孩子，是因自己不用心，不肯付出，不把孩子的話聽進去，永遠只有單向要求，久了就出問題。

小時候兒子很調皮，時常故意玩我。有一天他問：

「爸，斑馬線是給斑馬走的嗎？」

「應該是吧！」我故意回答。

「那馬路是給馬走的囉！」兒子繼續說。

「對呀！」

「那大象走哪裡？」兒子繼續問我。

「你在路上有看過那麼多動物嗎？」我反問兒子。

「沒有呀！」兒子笑嘻嘻的回答。

這就是我們家的氣氛。

經濟長期不景氣，百姓日子苦哈哈，大家將矛頭對準政府，從上到下，預算砍砍砍，前行政院長陳沖擔心過度刪減支出，會造成「節約的矛盾」，傷害經濟發展。但很多人不解，明明節約是美德，為什麼變成矛盾？

其實這不只是台灣的問題，美國也難以倖免。金融海嘯後，「節儉矛盾」的問題不斷被挑起。二〇〇九年，美國政府展開大規模的退稅計劃。在記者會上，有人問起美國總統歐巴馬：

「拿到退稅支票後是存起來？還是花掉？」歐巴馬不願意回答，因為一回答就會落入節約的矛盾。

兒子看到這則報導後問我：「如果你是歐巴馬會怎麼回答？」

我告訴兒子：「花掉。」

雖然這樣的回答，一定會被罵翻，還要背上「不知民間疾苦」的罪名。但存下來真的就比較好嗎？

這個社會上，如果大家都存錢，沒人消費，廠商立刻會減產、裁員，甚至倒閉，總體經濟將陷入惡性循環，儲蓄者最後也很可能淪為失業者，罵的人會更多。下雨有人罵，不下雨也有人罵。神明尚且難做，何況是總統？

換個職位，自然要換個腦袋。沒有對錯，不該用二分法，要分析，要個別討論。如果我是總統，我的立場當然就只能希望大家都花掉，為經濟注入活水，整體國家經濟才可能上來，但這卻只能想，不能說出來。

反過來說，以人民的立場來看，就要視個別經濟狀況而定。不缺這筆錢的就應該花掉，當成做做好事。但經濟不佳者還叫他花掉？這有點殘忍，就存起來過冬吧！必須個別討論，個別決定，尊重每一個人的選擇自由。

孔子都提倡因材施教了，不同孩子就要以不同方式帶上來，要適才適性。我自己兩個孩子，都有兩種不同狀況，都選擇不同方法了，美國有三億多人口，怎麼可能會有一體適用的解答？所以，前副總統蕭萬長詮釋的非常好：

「節儉是美德，消費是功德。」

但也千萬不能不回答，因為那等於默認對方的答案，氣勢矮了一截。要擁有美德或擁有功德，端看個人能力及選擇。連美國總統都不會回答了，更何況我們平民百姓？

面對孩子的提問，父母不會回答沒關係，但仍然一定要回應。把兒女的話當話，他們才會把父母的話當話，進而聽父母的話、服父母的話。你想理他才理他？孩子當然也學會想理你才理你。

有次高二時的兒子在客廳看新聞時，聽到一句「我比較感性」，馬上問我：

「爸！什麼叫感性？」

老實說，活到半百，我還真的沒思考過什麼叫感性？自己也不是很懂，知其意但不會表達，但不答又不行。

「嗯……」支支吾吾的我，思考了近一分鐘，才接第二句：

「感性就是跟著感覺走，憑著感覺做事……」

「理性與感性剛好相反，理性是經過思考……」媽媽補充的說。

兒子說他懂了，因為我們大人理他，他習慣問了。為了能回應孩子五花八門的問題，自己無形中也成長了不少。

親子互動就這麼簡單，許多父母帶不了自己的孩子，是因自己不用心，不肯付出，不把孩子的話聽進去，永遠只有單向要求，沒有雙向溝通，久了就出問題。不了解的要承認，不能硬拗亂湊數，自吹自擂，到時吹破牛皮被抓包，自己還惱羞成怒，這如何帶得了孩子的心，取得他們的信任？

總之，一切根源，端在父母；行有不得，反求諸己。

輸就是不爽啦！

有時一直安慰孩子，
反而越說越沒用，
因為那只是表面止血，
傷口無法痊癒。

兒子到了高中時，忽然多了一句口頭禪：「不爽啦！」其實從小學開始，他就沒有一天感覺「爽」過。考輸人家也不爽，粗心太多也不爽，桌球打輸我也不爽，題目解不出來也不爽，反正一切人時事地物都能讓他不爽。

但我很想告訴他：「先生！你不爽的事還真多！整天聽到你這樣叫啊叫的，老實說，我更不爽！但我能對你說嗎？說了你會比我更不爽。我們就只能這樣互相加倍讓對方不爽而已。」

高三了，科學班同學全都要到台大修學分，他一週兩天在台大，三天在建中。

前兩天從台大放學回來，臉很臭，七孔擠成一孔。原來在台大的段考微積分九十七，量子物理六十六。

「真不爽！」

「九十七還不爽？」

「可是量子物理贏我的有四十多個！」

「一班一百多人，那就是說輸你的七十多人中，很多還是不及格的吧？」

「也有七十個左右。」

這時我才告訴兒子：「你現在只是高中生，卻贏過許多台大的學生。完全沒準備，成績也在前半，你這樣還不爽，那些不及格的台大生，難道要去撞牆？」

「你不知道，我輸別人有多慘，還有高中生去修博士課程呢！」

「比上不足，比下有餘。你羨慕別人，可知還有多少人反過來羨慕你？不必貪快，你爸要是貪快，十多年前就送你早讀一年了。你常說輸同學一年時間，但你有沒有想到人家每天都讀到凌晨一、兩點才睡？」

「如果可以的話，我也想要啊！」（但他有地中海貧血基因，易累，必須提早休息，無法熬夜，是他的無奈。）

「你那麼在乎身高的人，難道不知道熬夜、睡眠不足容易長不高？你輸人家一年時間，學習都會有天花板效應，我們最多再讀一年就和同學一樣程度了，但同學多睡一年，有辦法和你一樣高嗎？」

這時兒子臭臉不見了，笑了，講到他在乎的重點後回我：

「嗯！講得真棒！」他無話可反駁，滿意了，爽了。

我還第一次感受到兒子的佩服及稱讚，這次總算沒有一言九「頂」，為反駁而反駁了。當然，我也不是省油的燈，回答口氣已從小學的嚴肅，進階到高中以幽默化解，找出他在意的事物分析、類比反擊回去，順著藤摸瓜就賓果了，成本便宜，效果又佳。

家父在我小時候常告訴我：「一人巧（聰明）一款，無法樣樣精」。因為樣樣通就等於樣樣鬆。你一定有別人所沒有的特點，也許人家正在羨慕你呢！台語俗諺說：「歹歹馬也有一步踢」，更何況我的兒子又不是歹馬，當然也不只踢一步，因此我鼓勵他：「沒必要拿自己的弱點去比別人的強項」。

但有時一直安慰孩子，反而越說越沒用，因為那只是表面止血，傷口無法痊癒。秋風灌驢耳，左耳進右耳出，這些老掉牙的道理，孩子比我們清楚咧！但只要能找到孩子的優點，他就開心，而自信上來，當然心情就很爽了。

過了幾天，「不爽大師」睡覺前躺在床上時，老毛病又犯了，他向媽提及輸同學一年的臭酸話題，我又忍不住開講了：

「每一個人特質不同，你有別人所缺乏的實力及思考能力，給你多努力一年，可以打平甚至贏過，但他們就算再追十年，甚至一輩子，也很難贏過你的思考邏輯，因此你不必在意輸的這一年。」

我講了近一小時，兒子聽了總算甘願了，用微笑的調皮的口氣向我道謝：

「感謝大師開示！」

回想起來，我以前輸人何止一年？要人才沒人才；要錢財沒錢財；要學歷沒學歷，但我有自己的東西及特色，三十年後的今天靠著一枝筆、一張嘴巴，也沒輸人多少啦！

兒子一聽到這裡，趕緊跑去尿尿，再趕快假裝睡著，不然又要聽我下半場的演講。完美主義的他，其實要的只是大人的肯定及支持，所以很自然也很爽的就睡著了。但我正在思考剛剛的對話記憶，太太一直對我說話，我只好說：

「別吵啦！別破壞我靈感，等下再講。」

太太只回我一句：「我也很不爽喔！」

你們不是說分數不重要嗎？

態度對了，
盡力就是滿分。
可以不在意分數，
但絕不能不在意：
分數背後代表的努力程度。

孩子從小時候起，太太就常告訴他們：「分數不重要，我們不會以成績高低來評定優劣，我們重視的是你們學習過程及態度。」

有些孩子已盡力，但就是考不好，努力的成果無法實際反映在分數上，能怪他嗎？如果態度沒問題，將來在社會上絕對還是有一定的成就。

但有些態度、品行、習慣不佳的孩子，不怎麼費力就靠著自身的資質得到高分，這種孩子我們不欣賞，和成績比起來，太太更注重品格及健康，分數真的不重要。

但「成績不重要」這種話，我不會一開始就對孩子說，而且我也沒資格說。在小學階段我是最注重分數的，品格和健康只是基本，不能以「成績不重要」作為忽略課業的擋箭牌，這點和太太的見解略有出入，因為我怕孩子因為分數不重要，就誤會連努力也不重要了。

兒子在小學高年級，有時考得很差，我們也會好心提醒關心一下，不要鬆懈掉，敏感的孩子會火大反彈。有次他居然說：「你們大人最現實，嘴巴都說不注重成績，其實都是說一套做一套」，還質疑我們：

「你們不是說分數不重要嗎？」

沒有兩把刷子的父母，大概就被問倒了。他把大人的關心當成注重分數，所以比較關心分數的父母，千萬要學聰明一點，別落入孩子圈套，不要一直針對分數指責，孩子會翻臉的；但指責孩子態度及習慣不佳，他們就沒臉可以翻。

兒子常以各種方式，試探我們兩個老的，質疑我們非真心；但我也不是省油的燈，這張嘴剛好派上用場。

我說過分數不重要，但沒說過努力及態度不重要。態度對了，盡力就是滿分，不及格我都能接受，但我無法接受不及格是因為懶散及浪費光陰。你要讓我看到了你的努力後，分數真的一點都不重要。

一位媽媽買到我書後，想學我們讓孩子提前學習，還希望從孩子小一就開始，但先生不准，他的理由是：

「童年只有一個！」無奈的媽媽只好放棄。

小一第一次段考，全班九十八以下的只有兩個，她兒子考出的數字是反過來的八十九，打擊很大，自信心都不見了。

孩子很精靈，爸爸不在家，媽媽說了算；爸爸回來就轉向不聽媽了。媽媽使不上力，也不知怎麼辦？一天拖過一天，這孩子早晚會被你們大人拖掉了，沒分數也沒態度，難道要背負小學時的陰影，一路沒自信到大學？

分數重不重要的判定在於：時間有沒有白白浪費掉？如果有，分數就非常重要；反之，孩子自己有目標、興趣、理想、企圖心，成天閱讀課外書籍、研究科學實驗、延伸課內常識，以致沒時間或忽略了課本複習，這時分數真的不算什麼。因為這種人雖然在學校考輸大家，但只要到大學或出了社會，必定能露出他的鋒芒，發光發熱。

在學校學到的標準答案，其實大家都會；但這個孩子會的、沒標準答案的，大家都沒學過，都不會，只有他會，成績對他來說本來就不重要的。

孩子要學的第一門功課，就是凡事都應認真努力。老人家常勉勵年輕人的一句台灣俗語：「做雞就要ㄑㄧˋㄥ（努力啄、翻、找東西吃），做人就要ㄅㄧˋㄥ（努力圖翻身）」。在在都顯示態度的重要，可以不在意分數，但絕不能不在意：分數背後代表的努力程度。

大人怎麼都說一套做一套？

幽默自嘲是化解尷尬的利器，
仙人打鼓有時錯，
勇於承認錯誤並道歉，
反而會得到更多的掌聲。

「你們大人都這樣，人前說一套，背後做一套。」

這是事實，我自己以前也曾犯過，兒子也曾質疑過我。但隨著年紀增長，漸漸控制了本身的情緒問題，更提高道德標準，作為孩子表率。

為了孩子，我已改很多。我發現自己錯了，也能身段柔軟的道歉，並以幽默自嘲帶過尷尬，不再雙重標準：寬以待己，嚴以律人。感謝孩子教我許多，讓我有修正的機會，想不到孩子因此也學會了道歉。

曾聽過一位講師提及，他的兒子大學考得不好，竟然只考上私立大學而已。他唸了兒子幾句，只見難過的兒子跑到樓下。原以為兒子是要離家出走，結果姊姊看到了告訴他：

「爸！你知道弟弟在樓下做什麼？在哭！」

過了一會兒，兒子又從樓下衝了上來，爸爸以為兒子要跟他道歉，但他猜錯了，兒子只是氣憤的說：

「你平常不是對我們說分數不重要，只是個參考，為什麼考不好又要罵我們？說一套做一套？」

這時當父親的傻住了，對啊！這是他平時掛在嘴邊，鼓勵孩子，希望不給孩子壓力的話，但考出來的成績不好，自己又無法接受。

父母不會回應，日後又將如何引導孩子？孩子當然不服！而且債權人的記性總比債務人好，這也就是為什麼身教不好的父母，無法帶好自己孩子的最大原因，他會反駁你、質疑你。

假如當初傳達給孩子訊息，造成的錯誤後果就必須接受，不要為了維持自己的權威性，或是擔心面子掛不住，就咄咄逼人硬拗，絕對會有反效果。道歉與幽默自嘲，才是最佳的感動方式。

「爸爸講錯的部分我道歉，不然，你讓爸爸欠一下，下次你犯錯，我少罵一次補回來吧！但是我錯的部分我改，你錯的部分你也要修正，我們一起努力好不好？」

若能用這樣的軟訴求，也許一場風暴就會過去，親子之間還是好朋友，沒有芥蒂，孩子會很佩服你。但如果自己沒說錯，而是孩子自己誤解其意呢？只好補強說明直到真正了解，讓孩子不要再斷章取義了。

「我是說過，成績是參考，但參考不代表你就能不努力學習。相反的，就是要讓你充分利用時間，往前加深、加廣的自我學習，這樣才不會被分數限制住，一直繞在一個點而裹足不前。」

「你考不好，自己有沒有檢討什麼原因？是學習方法不對？還是打電動耗掉太多時間？方法不對，我們一起來想辦法突破；但如果是因時間浪費而造成，『分數是參考』這句話就不成立，我也無法接受，這不是說一套做一套。」

作家黃春明在十多年前雪隧闢建時，因為反對這項工程，曾說：「將山打了個大洞，對生態、水土保持是何等破壞？」為了表明反對雪隧到底的決心，還曾揚言：「死也不走雪隧」。後來有次他為了準時從台北趕回宜蘭演講，不得已走了雪隧，諾言因而破功，當時他自嘲：

「自己怎麼說一套做一套，完蛋了。」

幽默自嘲是化解尷尬的利器，仙人打鼓有時錯，勇於承認錯誤並道歉，反而會得到更多的掌聲。

如果考一百分，你還會打我嗎？

以前「不打不成器」的舊思維，
在今日已經不適用了。
大部分成器的大人物，
也都不是父母打出來的。
不要再因成績差而打孩子了，

有些媽媽重視分數過火的程度，令人匪夷所思。例如有位讀者打電話來說：
「要怎麼做才能不把分數看得太重？」
太太反問她：「妳女兒自我要求這麼高喔？」
「不是啦！是我。她考試粗心九十九分，我氣得把考卷撕掉！」
另一位讀者情況又不同了，因孩子考太差而打孩子，卻被頂得啞口無言。
「你平常不是說成績不重要，為什麼又要打我？」
「我是說過這句話，但我打你並不是因為成績，而是打你態度不好。」
「但我態度和上次一樣，分數好你就不打，這麼剛好，這次考不好就被打？你說謊！心裡想的和嘴巴講的不一樣。」
媽媽被抓包了，被孩子頂得無話可答，只好打電話求救於我們。孩子超級不爽，最後還再補一槍：

「如果這次我考一百，你還會打我嗎？」臉色鐵青的媽媽，面對孩子機關槍似的掃射，根本毫無招架之力，更別談有能力回擊了。

父母在這樣的狀況下，能回他說「不會」嗎？不行啊！不然自打嘴巴了。那可以回答「會」嗎？更不行！因為確實以前好幾次有類似狀況，父母都沒在意。

其實會有這種狀況，往往是大人情緒失控的問題。成績只是導火線，是壓垮駱駝的最後一根稻草。如果父母認為孩子挨打的原因是態度，那麼成績好時也就該打了，不該因自己心情好而優待這樣的行為。

但很多父母不是這樣，總是等到成績考壞了，甚至壞到離譜時，才新仇舊恨一起爆發，秋後算帳打個痛快，也難怪孩子反彈。

父母要檢討自己，「同樣的學習態度，但他這次考滿分，我還會打他嗎？」我敢說我自己就絕對不會。所以生氣的關鍵在成績，不必否認；是看到分數後火大才失控，自己有錯在先，站不住腳。但要如何解套？

我有兩種建議提供讀者：第一，不要再說成績不重要了，趁這次事件大方承認吧！第二，道歉，承認自己的情緒失控，自己不對，重新定義、溝通，說清楚講明白。不妨就這麼說：

「這次是媽媽的錯，但我只是要讓你了解，態度真的很重要，下次我不會因為分數打人了。」

最近我看到一則新聞，一位車主目擊員警騎車違規迴轉，他按一聲喇叭警示，未料員警竟回頭追車，盤查他證件，還開出一張「並排臨時停車」罰單，車主質疑根本是公報私仇。所屬分局坦言，口角後開單取締，時機確實不適當，已展開撤單程序，並派員到民眾家中致意。

時機太敏感，警察在這個當下故意開單，人家當然會不服；同樣的，考不好時是不是當下該忍住？要打也是這件事過了一段時間，孩子態度仍然不改後要修理再修理，就不會被抓到小辮子。要忍很難我知道，但即使忍到內傷也還是要忍住，沉不住氣是成不了大事的，整盤好棋就這樣毀了。

兒子時常試探我們這兩個老的，對他考試成績的重視程度：

「爸！我今天國文考六十八，倒數第三。」我不會中他的詭計，他想看看我會不會罵他吧？我心想，沒背能考六十八很好了啊！但我不能說出口，只好說：

「沒關係，符合你媽要求的及格就好。」

剛好南部的外公，快遞寄來三包「爆米香」，我趁機虧兒子一下：

「你知道外公今天為什麼寄三包嗎？」

「不知道！」

「因為慶祝你國文今天倒數第三。」兒子尷尬大笑。

一位醫生的孩子考了九十分，但因沒達到父母理想也被打。分數看得如此之重，連學經歷如此高的父母也難免。前幾天一位媽媽打電話給太太，孩子國文只考四十多分，她心急如焚。

太太告訴她，國文就是這樣，多閱讀也要寫參考書。女兒國中也只考六十多，正常的。這位媽媽聽了好感動，原本以為打電話來會被笑「這麼爛」。當父母的要將心比心，孩子考不好都很難過了，何必再打他？他們當下也希望父母的安慰及解決方法，親子間應該一起找原因才對。

其實孩子不是不想讀書、讀好書；但父母沒幫忙規劃，沒有方法，只會要求，當然愈來愈沒興趣、沒信心，因為輸給有規劃、有方法的父母了。單打獨鬥的孩子，當然輸給團結合作的一家人。

老一輩的人說：「葉無挽不成叢，囝仔無損毋成人」，以前「不打不成器」的舊思維，在今日已經不適用了。大部分成器的大人物，也都不是父母打出來的。不要再因成績差而打孩子了，希望媽媽的回答會改成：

「孩子，考幾分我都不會打你，只要你盡力！」

老師說不必寫評量

她從小學到高中的亮麗成績，
都是參考書救了她，
讓其有自信、有態度，
到大學了還曾認真的寫考古題。

大約一年前，我到某個國中演講近尾聲時，一位媽媽舉手發問，因提到我前幾本書中獨創的「長、中、短程不補習法」，強調孩子分數要好看，一定要寫評量，把粗心留在參考書，完美呈現到考卷上。

「可是老師叫我們不用寫？」

「孩子幾年級了？」

「七年級。」

「成績好嗎？」

「前三名。」

「是資優生嗎？」

「不是。」

如果你不計較分數、孩子是資優生、沒浪費時間、態度沒問題、自己有規劃，我贊同不必寫。

資優生有自己的想法，不必硬性被框住所謂標準答案之中，只要願意，哪一個點都能上來，只是一路上粗心會很多，我兒子即屬此類。

到了高中，孩子根本沒時間寫，也不會為了考明星大學而違反自己意願，這時我會尊重，這類孩子就怕自恃聰明不努力，把自己玩完，白白聰明了前半生。

有些孩子會假傳聖旨，或是只傳上半段，自動省略下半段，但往往下半段才是重點。老師提醒大家，多利用時間閱讀課外讀物，但後面少打電動卻沒說，孩子往往只說他要的部分。在家爸媽要他寫評量，懶得寫就搬出老師這句話當擋箭牌；下半段老師要他做的，他卻沒說也沒做。其實更多老師都希望自己學生成績好、態度佳的。

昨日兒子段考，覺得數學太容易了就提早交卷，結果考了史上最爛的六十多，不是不會，而是自恃太容易而粗心、自己又不檢查，所以，難的還考九十多，簡單的反而六十多，這就是考細心度，沒寫參考書的後遺症。

我兒子不寫參考書、不是因為懶而玩掉，而是要做更專業的延伸，媽媽對兒子說：

「功課只要及格就可以，大學不必一定上台、清、交，考上哪裡讀那裡。」

所以兒子可以自由發展的空間很大，不必受分數限制住，當然可以不必寫評量，教科書白到可以去賣。

像他這樣的資優生，是可以不要分數，只要有自己的想法和研究，確實不必一直重複複習別人的東西，就為了考明星大學，這樣的選擇我接受，也支持。

反觀非資優生的女兒，如果不勤做練習題絕對垮掉，她從小學到高中的亮麗成績，都是參考書救了她，讓其有自信、有態度，到大學了還曾認真的寫考古題，同學以為她要轉學考或轉系考。

這次段考十科，她有六科九十多分，她樂歪了，大家稱讚她的成績太強了。別人讀大學是「由你玩四年」，但這不會發生在她身上。她的態度、自信、動力、成就感都是靠中、小學的評量及分數激勵上來的。

有些孩子不是不喜歡讀書，他們也盼望得到同學的羨慕及老師的稱讚，但苦無方法及動力，父母也不幫忙輔助規劃，只會要求責罵，到頭來孩子對課業只有放棄、沒興趣、沒成就感，永遠落後。

非資優生不寫評量，我很擔憂。我怕基礎不穩，將來會後悔，先天都不足了，還能承受後天失調？國一前三名或許還可以，但高一呢？落差會不會很大？前十三或前三十？都有可能。

評量與參考書，不是一定要寫或不寫的問題，還是要依個人特質、需求、年級而定。不是專家說了算或老師講了算，要靠家長及孩子個別分析。我家兩個孩子就完全不同了，女兒從小學寫到大學，至今還在寫考古題，對她幫助非常大，也造就了她。

但兒子只寫到國中，高中就不寫了，他要走他自己的路。但是要考好學校或熱門科系，單靠資優還略嫌不足，兒子班上許多超資優的同學，為了考醫學系，仍然必須靠參考書補強外加補習，才不會有死角或粗心，考試時分分入袋。資優生也這麼拚，何況一般學生？

單絲無法成線，獨木無法成林。基本功一定要有，十年磨一劍啊！

可是專家說、老師說

態度決定一切。
聰明的人知道，
聽話不能只聽一半，
有智慧的人更知道，
絕不能漏聽哪一半。

忘了是在哪一場演講，我才說到一半時，有位媽媽急於舉手發問：「徐老師，你說分數很重要，可是現在老師、專家都強調，分數不重要。」

「這要分開討論。分數確實不重要，那是對態度上來的孩子；還沒上來的孩子，就沒資格接受這句話。」

在國小階段，課程範圍小，基礎簡單，努力就有分，低分就表示努力還不夠，或是學習方法有問題。成績是孩子學習時的自信基礎，所以分數很重要，因為這代表著努力的程度、習慣的建立及態度的培養契機，更是自信的源頭，如果有人說分數不重要，難道其他的也都不重要？

小學成績不好，大部分是來自孩子不在乎，或父母沒規劃輔助，沒要求、沒危機意識，最後不但分數沒了，態度沒了，連自信都沒了。

到了國中階段，學業範圍較廣、較深，孩子也較懂事能溝通了，建議是延續小學的模式，確定扶正了之後，就可以漸漸放手，讓其自我負責，盡力就是滿分。我女兒很努力，但歷史還是只考四十五分回來，我們也不忍苛責，因為個別資質有差，可參考但不能以分數高低看孩子。

高中階段學習更多元，以能力、興趣為主，追求自己的目標，走出自己的路。這時我才告訴孩子，分數真的不重要，因為我已看見你的努力了。但有些孩子成天沉迷於電腦遊戲，也不積極學習，渾渾噩噩過日子，我也想反問：「難道玩樂比分數重要？」

有時不要誤解專家的意思，老師、專家何其多？一百個人有一百零一個見解，該聽誰的？學歷高的？知名度高的？還是長得很高的？不能只聽專家所強調的前半段，你要聽的是另一半。

許多不明就裡的父母，知其然卻不知其所以然。專家說分數不重要的同時，另一方面是要加緊孩子有興趣的專長，加深加廣課外閱讀不浪費時間，不像你什麼都沒做。不然等孩子長大了，人家成功了，你的孩子卻垮了。

專家學歷高、職位高，就算錯了也有能力調整。富人能做到窮人的事，但窮人很難去做到富人的事，不怕路遠就怕路險，穩紮穩打最實在。如果專家說得準，教改早就成功了，何必一改再改？那麼多的博士及教育部長在操刀，讀高中的兒子卻評論得一針見血：

「教改一直改，把不好改成好的沒錯，但同時也把一些好的改成不好的，所以有差嗎？」

「跟著學校進度就好，成績不是很重要。」也有許多媽媽問我這問題。

每一位老師的看法及立場不同，老師不一定對，連我說的也不一定是對，那什麼叫對？適合你孩子的就是對！結果合你意，成功了就是對！老師的見解不一定和校長相同，那聽誰的？心中沒有自己一套信念，換個老師後你又必須換一個腦袋。

曾有媒體報導，學生對分數無感，從小學就開始，不在乎、無所謂，反正早晚也是畢業。有的大學生，期末考連佛腳都不抱，甚至老師先給考題、還允許學生帶筆電查資料，仍有一成不及格，洩題還被當？是我們大人從小灌輸了錯誤的觀念，還是孩子誤解大人的原意，分數不重要這個說法，讓他們的態度也不見了。

分數有時和態度只是一線之隔，如果分數能幫助孩子建立態度，分數這時就很重要！我兩個孩子，就是循此模式訓練上來的。不重要的前提是努力過後的成績，所以關鍵還是在態度，所以說態度決定一切。聰明的人知道，聽話不能只聽一半，有智慧的人更知道，絕不能漏聽哪一半。

高中都免試了，幹嘛那麼認真？

學習這件事，
不是缺乏時間，
而是缺乏努力；
今天不走，
明天要跑。

因為到處演講的關係，許多老師及家長憂心忡忡的告訴我，許多孩子不知為何而戰？為誰而戰？常嗆老師：「都十二年國教了，我為什麼要學這麼多？」「一樣有高中讀！都免試了，幹嘛那麼認真？」

還有更多孩子都告訴父母親：「分數都不重要了，還一直叫我考高分。」大人明明知道不對，但就是不會回答，很無奈！

現代孩子，尤其還在讀國中、小的同學，聽到高中可以直升都好高興，壓力解除了盡情放鬆，缺乏學習動力，反正一定有學校讀，也一定會畢業，這就是社會氛圍給了孩子錯誤訊息，孩子還小、不懂還無可厚非，如果連大人跟著不懂或不講給孩子懂，那就慘了。

上位者美其名「減少學習壓力」，探其內容則不然。怕你們免試不學習，素質降低又會被罵，只好又設計一套「會考」作為停損點。誰告訴你免試的？誰告訴你不用認真的？

有位女同學要代表學校參加演說比賽，她還沒開始準備，家裡就先舉行了辯論比賽。

爸爸說：「真棒！這是一次不錯的經驗，不要有太大壓力，平常心就好。」

媽媽說：「不能隨便，這對十二年國教實施後的升學很有用，我已經請了老師來教她，過兩天就開始上課。」

另一位媽媽帶著女兒到醫院看病，醫師診斷腳趾患的是甲床剝離症，原來是平時學芭蕾舞引起的，因而建議要先休息，否則會更惡化。媽媽卻說：

「不可以，要比賽了，非加緊練習不可。以前沒什麼人學芭蕾，但十二年國教上路後，學芭蕾的人多了，大家都希望參加比賽得名。」

免試？是免去大型考試，但又改成更麻煩的「會考」，比的更「多元」、「多錢」。為比序到處比賽，音樂、運動、公服時數等等……樣樣缺不得，父母比孩子更累，壓力更大。

免去一次大考試，壓力卻分佈在國中三年大大小小的各種考試裡，讓學生每一次大小考都戰戰兢兢，不敢掉以輕心。免試？其實是讓考試更多。未來每所明星高中改成特招、科學班、數理、人文資優班、音樂班、體育班……哪一樣不必比成績？誰告訴你免試了？

最近《天下雜誌》針對「十二年國教國中現場大調查」顯示，近六成國中生，仍參加補習，近五成說學校會公布成績排名。補習、排名，讓學生壓力很大；但不補習、不排名又怕學生不學習，競爭力下降。到底該如何應對？

我想唯一的方法，只有從改造孩子的心念開始。要讓孩子知道：「你不是為考試讀書，也不是為父母讀書，是為你自己讀書。」我的兩個孩子已達到這種境界。再回頭看看我八年前的第一本書《我這樣教出資優兒》最後一篇，最後一段：

「改變自己比較快，只要你有實力，管它教改怎麼改？愈改你愈有利，因為當別人還在當白老鼠時，我們早就跨越這個程度，繼續走下一個課程了。」

哈佛圖書館二十條訓言中提到「學習這件事，不是缺乏時間，而是缺乏努力；今天不走，明天要跑」。

大學甄選入學都要看三年在校成績了，還能不認真嗎？多元更需要的基本態度就是：「認真」！

反正一定有學校讀……

想要念好學校，
永遠都是以考試成績來決定，
補習班就說出真相了：
十二年國教，
就是換湯不換藥。

教育多元後，從孩子口中出來的話也很多元。

「反正一定有學校讀」，孩子用這句話反駁父母，作為不必認真學習的藉口。但是風評不好的學校你也要嗎？和品格不好的同學為伍三年也ＯＫ嗎？誰努力不夠，就自然淪落到讓學校選誰，好學校都被較認真學習的同學選走了。

三十多年前，我在國小升國中之際，全班忙著轉校、遷戶口，房東建議我和他兒子一起轉到競爭力較強的國中，不要留在口碑極差、霸凌比例極高的原校，連願意讓我們寄戶口的人家都找好了，就差一個動作：家長要親自去辦。

但家父很忙，一直拖不願去辦，只丟下一句「好學校也有壞學生，壞學校也有好學生。」我啞口無言又無奈，明知這句話有漏洞，卻又不會回答，當時全班只剩我一個人的家長印章及戶口名簿，老師一直催我罵我，但從小沒母親的孩子只好認命，父親說了算。還好，趕上最後期限。

以前我不會反駁，現在我會了，我知道那是機率問題。讀好學校成績變好的機會自然較多較大，有些國中老師及同學的認真態度、以及校內的讀書風氣，真的震撼了我，讓我懂得努力的重要。

如果當初不選擇學習環境，跟著壞同學混，也許今天我也是滿口髒話。所謂的好學校，不一定是指升學率高的明星頂尖學府，而是泛指學風良好、品格端正、老師認真教學的都可接受。專家學者一直告訴孩子，分數不代表一切，但實際上到處卻以學習成績為門檻，就算完全免試，明星高中會打破嗎？不會！

常有人反駁我「好學校也有壞學生」、「壞學校也有好學生」、「成績好也不一定代表品行好」這些表面聽起來都沒錯，但其實錯很大。好學校的好學生及品行佳者的比例，還是遠多於口碑不佳的學校。處在好多於不好的環境中，孩子較不會受影響；反之處在不好多於好的環境中，變差的機率就非常高，這就是西瓜效應。西瓜偎大邊，不是絕對，但一定相對。

我兒子的學校夠好了吧？但還是有人說髒話、爆粗口，品行不是很好，但因只佔一小部分，掀不起什麼波瀾，就算作怪也沒幾個隨之起舞，唱獨腳戲也沒什麼意思，說不定會漸被同儕感染而蛻變。

反之，若是到另一個壞多於好的環境中，變不好的機率一定大於前者，同學素質高低差很多，孩子真的有學校讀就滿意了？不要選？不想選？讓他每餐都配個青菜、豆腐就好，不要再給他吃什麼大魚大肉了，反正一定有飯吃，何必再選他喜歡吃的？要提醒孩子，想選就是要認真。

日前媒體報導，台灣中學生的數學程度全球第四，但學生好壞差異卻很懸殊，程度最大相差七個年級，等於有些國三、高一生，數學程度只到小二、小三。我很擔心以後更M型化，努力的更努力，放鬆的更放鬆；結果好的更好，不好的更不好。

M型分配讓高低差距更嚴重，因為努力的人更頂尖，不努力的孩子直接放棄。大者恆大，贏者全拿。每一位家長都希望自己孩子上口碑較好的學校，品格上較不會受污染，同學們本身更期待，因他們更愛面子，不認真上得了自己心目中的好學校嗎？

想要念好學校，永遠都是要以考試成績來決定，補習班就說出真相了：「十二年國教，就是換湯不換藥」。大學更別冀望免試，實力不夠，有興趣的科系也不一定上得了，只好選別人不要自己又不喜歡的學校，同學都是幾十分甚至幾分就能上的大學，大家真的想去讀嗎？還是乖乖用功吧！

Part 5

怎樣回應孩子讀書有什麼用？

人生這麼長，學校不考的，
出社會卻考最多，機會是留給準備好的人。
為了孩子的自信，未來的工作、人脈與婚姻，
要視年齡層的不同，給予合適的引導。

讀書很苦？
那要看你和什麼比。
和吃喝玩樂、不事生產相比，
孩子當然不想讀書。

讀書有什麼用？

有一晚，我問在書桌前用功的高三兒子：

「讀書有什麼用？」

「沒有用啊？」他冷冷微笑的回我。

「喔！謝謝，這句話將會出現在我下一篇文章的開頭。」

「靠右邊走，我隨便答一答，你真的給我記上去？」

「沒有用？那你現在坐在書桌幹什麼？」

多年來，太多太多的讀者一直問我「讀書有什麼用？」這問題其實都是他們孩子問的，但他們自己只能講一點皮毛，無法說服孩子，最後親子雙方都不滿意，現代父母真的很難當。

二十多年來第二次回台南丈人家過中秋烤肉，丈母娘私底下告訴我，岳父每次領錢都叫她去，自己說什麼也不想去。我問：「為什麼？」

「因為櫃台小姐都會叫他自己寫提款金額啊！」

「提款金額？阿拉伯數字他會寫啊？」

「會，可是他不喜歡寫啊！」

岳父自嘲「青暝牛」，不識字，一生務農，了解沒讀書的痛，連數字都寫得又醜又吃力，所以對於自己三個孩子的教育特別重視，從小告誡他們一定要努力讀書，賣田賣牛也要讓孩子個個讀到大專畢業，就算讀私立的，眉頭也不皺一下，千萬不要像他這樣，成年後只能種田。

四十多年前的執著，如今開花結果，兒女們個個都很努力、爭氣，成就不凡、有車有房又孝順聽話。太太永遠記得並感謝爸爸小時候對她說的那句話：

「你能讀多高就讀多高，我不會因為是女生就不給你讀，沒辦法準備多少嫁妝給你，畢業證書就是你的嫁妝。」

在當時農村一片重男輕女的氛圍下，太太聽到這句話，感動自不在話下。呵呵！但讀書有什麼用？

兩、三個孩子，三天兩頭打電話回台南，噓寒問暖報平安，岳父現在口袋「麥可麥可」，您說讀書有沒有用？

去年，兒子科學班的一位要好同學，有天突然告訴他：
「我不知道為何要這麼認真讀書，讀書是為了什麼？」
兒子笑一笑，不可思議的反問：「什麼？你不知道？」
從小我和太太就對兩個孩子，不停地洗腦、講道理。讀書的理由很明確，你們現在讀書是為興趣、為自己而不是為父母讀，學到的都是別人挖不走的寶礦，有能力可以幫助更多人。除了謀生，兒子居然能對我說出很有哲理的兩個字：「傳承」。
我聽到後非常的震撼及感動，順便來個機會教育：
「台灣的專業書籍很少，大部分仰賴原文書，你的感受很對，我們最缺的就是這一塊，你可以寫下來。」
「我文筆不好啦！」
「文筆是小事，沒聽過讀書破萬卷，下筆如有神嗎？只要自己有想法，其他自然水到渠成。」兒子聽了滿意的微笑。
兒子現在的想法已比我同年紀時想的更成熟，他想的是如何改變全世界的兼善天下，而非將來能賺多少錢的獨善其身。
有人問他：「你真的對讀書這麼有興趣？」

兒子很老實：「我本來不喜歡讀書！」這是小時候的答案，孩子喜歡玩，哪肯乖乖學習？但老媽從小就告訴兩個孩子：「你們當學生的天職就是讀書，這是你們的責任。哪天你們不讀書了，第二天起就去工作，不管送報或賣口香糖，就是要工作。」

當兒子知道送一份報紙，必須在凌晨兩、三點那麼冷的天氣，就要從熱呼呼的被窩裡爬起來，而賣口香糖一條只能賺三塊錢？兒子想了想居然告訴我：

「爸！我還是覺得讀書比較輕鬆。」

讀書很苦？那要看你和什麼比。和吃喝玩樂、不事生產相比，孩子當然不想讀書。那和賺錢比呢？又變成讀書較容易了。但很多父母給孩子的選項，卻是遙控器和讀書，再笨的也會選看電視舒服快樂。

對孩子的提問，不必急著給答案，要用比較的方法，讓孩子了解事實的背後真相。

讀書有用嗎？
為了孩子的自信，
未來的工作、人脈與婚姻，
要視年齡層的不同，
給予合適的引導。

朋友怎麼都是戴安全帽的？

牛頓在求學初期，表現並不突出，甚至老師還覺得他注意力不集中、不合群，因此學校裡的男生常欺負他。一開始牛頓只能忍氣吞聲，後來想通了，他認為最好的報復方法就是在學業成績上超過別人。果然他把心思放在功課上，此後就沒人能跟他比了，連校長、老師都另眼相看，認為他是最聰明的。

全台最迷你的大學教授陳攸華，身高只有一二〇公分，頭大身小使她在成長之路飽受嘲笑。但在國二求醫時，一名醫生鼓勵她不要灰心，還說：「你一定可以轟動全世界。」受到這個鼓勵的影響，原本自暴自棄讀後段班的她，每天讀書到凌晨，國三如願進入升學班，最後赴美讀碩士，赴英攻讀博士，讀書改變了自己的命運，找回了自信。

讀書可以幫助很多身心有障礙，原本應該是競爭弱勢的孩子，因為找到自信心而強化了競爭力，這樣的例子古往今來實在太多了。另一方面，讀書也能讓自己人脈銀行裡存摺的數字增加。

所謂的「談笑有鴻儒，往來無白丁」。若只讀到小學，同學關係就只限於小學同學；但讀到博士，就有從小學到博士這樣一大串的同學，這些人脈當然一有機會，日後絕對能互相連絡提攜。學經歷不同，生活圈、朋友層次、人際關係、機會命運也就完全不同。這一點我自己感受最深，十年前生意圈的朋友，和現在的已經完全不同。

前幾天我站在自家店門口，無意間聽到一位年輕女孩，一邊拿著安全帽，一邊對坐在機車上抽菸的男友抱怨：

「奇怪，你交的朋友怎麼都是一些戴安全帽的？」男友繼續吞他的雲、吐他的霧，懶得回答。她忘了她自己也是坐機車的？怪男友？

許多權貴家族，從小讓孩子讀貴族學校，用意也就在於此。龍交龍、鳳交鳳，這樣的俗諺也不是沒有道理。同學間的人脈綿密，二、三十年後，一人得道全班升天，一定先提拔自己熟識、感情好、信任度高的同儕或學長、學弟。

人脈廣、贏面大，機會自然能以累進倍率拓展，而非偏於一隅，死水一灘。難怪連古人也認為結交須勝己，似我不如無！在在顯示人脈的重要性。不久前有位女士遭菲國武裝分子綁架，能迅速獲救而毫髮無傷，關鍵就在自家人的政商人脈。

當然，讀書除了讓朋友不同以外，還能讓自己的另一半不同。因為好的對象人人愛，但你愛人，人家不一定愛你，條件和學經歷佔很大關鍵。

人家說：「男追女，隔層山；女追男，隔層紗。」假如自己能力好、學問佳，選擇機會自然多，還能握有主動權。以前的人結婚會要求三大條件：第一、身體健康，第二、學問普通，第三、門風相當。自古以來講究門當戶對，即使到了今天，雙方學歷至少也不要相差太懸殊。

曾經有位已考上公職的女性，始終不敢接受男友的求婚，因為對未來很沒安全感。後來男方苦讀半年，終於考上公職後，女方才同意終結成連理。我有許多當老師的朋友及同學，他們的另一半大部分也都是老師。

國中的學歷讓我在婚前很自卑，所以三十歲前連一個女朋友也沒有，更別談到結婚了。卻因我發奮讀英文的態度感動了太太，好不容易騙到了一個，這時我終於相信「書中自有顏如玉」了。

讀書有用嗎？為了孩子的自信，以及未來的工作、人脈與婚姻，要視年齡層的不同，給予合適的引導。一旦孩子想通了，自己願意讀，很多叛逆期會讓家長傷腦筋的議題，自然也就迎刃而解了。

讀書就能賺錢嗎？

「書香」會遺傳，
「貧窮」也會遺傳。
人家說考上是「績優股」，
考不上只是「雞屁股」，
就看自己想當哪一「股」了。

李昌鈺博士曾勉勵大學生：「再忙，每天至少讀一頁書。」

近幾年來，我們台灣常被拿來跟南韓比，大家羨慕人家大學畢業生起薪是近我們的三倍。但南韓年輕人壓力很大，我們卻是一直想辦法幫孩子減壓？南韓人每年平均閱讀十本書，而台灣人呢？兩本。

英雄不怕出身低，任何孩子只要肯用功讀書，就可以改變命運，前教育部長吳清基是三級貧戶之子，靠公費、獎學金、半工半讀，苦讀拿到博士學位。阿根廷有位清道夫重拾荒廢的學業，三十五歲念高中，四十一歲當律師。

「如果你們要過我這種生活，就不要讀書好了。」一位窮苦的爸爸對著姊弟說。

這位爸爸凌晨一大早去果菜市場批貨，早上在市場賣水果，睡個午覺到黃昏，又要出去賣水果，吃個晚飯，晚上又去擺夜市。

「要努力讀書，千萬不要像我們這麼辛苦。」

靠讀書鹹魚翻身的例子實在多得不勝枚舉，就曾有個學生因家貧，高中畢業後中斷學業，想工作賺錢，被老師苦口婆心勸回，現在他已是台中市政府的主管。

讀書有什麼用？最明顯的功用就是脫貧，沒有比念書讓人脫貧更快、更容易的方法了。貧者因書而富，富者因書而貴。讀書可以出頭天，可以迅速脫貧、一夕翻身。小心，「書香」會遺傳，「貧窮」也會遺傳。

我自己是在三十多年前服役時，才真正體會出讀書的重要性，但後悔已來不及了。那時國中畢業的我，只能當大頭兵，月薪一千八，站衛兵固定位置，屬最底層；高中即能當班長，站安全士官時可以任意走動，月薪高許多；而大學考上預官的是當官，不必站哨可一夜睡到天亮，軍餉又是三級跳。

一樣是人，待遇差這麼多？人家只出一張嘴，比你在烈日下出操、出差領的還多！差在哪裡？讀書！

幾年前，當時讀小五的兒子，心血來潮突然對我說：

「爸，幾年前在看《大家說英語》時，你對我和姊姊說：『努力點，以後你們也能像電視上的老師，出張嘴就能賺錢了。』想不到你比我還快用嘴巴賺錢。」

我一時會意不過來，原來他是說我第二天有場演講，我還沒回答，他又說：「你說得好對，真的耶！可是我會比你厲害，我邊玩還可以賺錢。」本來以為他是在讚美我，原來是捧自己。

我大笑問：「怎麼可能？」

「研究啊！邊玩邊賺錢。一位名師說他打一個噴嚏可以賺五元，一秒五元。學問就是這麼值錢！」

他說的也對啦！我自己年輕時雖輟學，但持續看書成長，現在賺的錢確實比較輕鬆，腦動一動、筆動一動、嘴動一動。連我女兒還沒高中畢業，就有讀者指定她當家教，甚至有媽媽願意等兒子兩年，他們都能動嘴賺錢了。

許多大學畢業的小學老師，白天上課，晚上進修，有了碩士學位後，薪水又多了好幾千。我第五本書中「汐止來的小孩」一畢業就是警官，獲得一〇三年度全國優秀青年代表，還蒙總統召見，起薪就是六十五K，這已是一般大學生二十二K的三倍。

公職目前是非常熱門，人家說考上是「績優股」，考不上只是「雞屁股」，自己以後想當哪一「股」，就看你認不認真了。

怎麼可能？

不要再嘆懷才不遇了，

你懷的才為何人家不要？

而人家要的才，

你又剛好沒有？

兒子讀小學時，我有次帶他外出，走過室外機旁，他向我抱怨：

「不公平，裡面的人吹冷氣，我在外面吹熱氣？」

我鼓勵他，抱怨沒用，多讀點書，有能力的話自己去發明裡面是冷氣，吹出來的風也是冷的。

「怎麼可能？那不合邏輯，違反定律！」

不合邏輯是你認為，違反自然規則也不代表不可能。顯微鏡發明前，誰相信世界上有細菌？現在卻已經是常識；手機出現前多少人直呼無線不可能，現在人手不只一機，還都用智慧型；以前奢望、夢想車子要是加水能跑就好了，多少人斥為無稽之談、痴人說夢，但現在吸空氣就能跑的車已研發成功。

法國設計師研發出用空氣就可以驅動的汽車引擎，排出來的空氣比一般空氣還要乾淨，開車一百公里，從台北開到新竹不到新台幣三十元，空氣車不必加昂貴的油，加的是不用錢的空氣。英國一家公司的科學家，也成功用空氣和水製造汽油，不增加碳排放。

殺死癌細胞，台大發現了關鍵角色；中研院更研發出攝護腺癌疫苗及腦膜炎疫苗；英國科學家已找到引起近視的基因，可望據以調配最適當的眼藥水，讓眼鏡成為歷史名詞；連美國科學家都研發出「人工腎臟」……，種種日新月異新科技，媒體報導甚多，無須我多加贅言。

不要只顧著享受眼前的文明及便利，你現在坐的高鐵、離不開的手機、電腦等，都是靠著前人種的樹，我們才能乘涼，但不能只想乘涼只想砍樹而不繼續種樹這麼自私。

如兒子所說，讀書是為了傳承、改善生活品質、造福全人類及後代子孫。要改變現狀，要獲取專業知識，唯有多讀書，不然只是吃著老祖宗的老本，總有一天坐吃山空。

當然，讀書的另一個好處，就是讓人有資格選擇自己最有興趣的科系、學校、職業，活出自我，找到快樂的人生價值及成就感。

無論國家社會多富裕，資源終究還是有限，依舊還是要競爭。想要開創屬於自己的人生，讀書總比沒讀書的機會多更多，轉換跑道也較容易。

曾有一位護理師，因輪班日夜顛倒，有時連休假也被叫回上課或開會，工作時間太不穩定，壓力大、待遇也不好，無法適應下毅然決心轉業。但已經有了年紀，要轉業談何容易？

一年之後，她成功考取公職特考，最後還是靠努力讀書，才得以改變工作環境，也讓自己輕鬆一點。

「為什麼別人可以辦到，你辦不到？不要再抱怨自己多辛苦，不如把時間拿來好好念書。」這是她給考生的建議。

許多同學口口聲聲說興趣比較重要，但學校不會因為你有興趣就讓你進去，若是別人也有興趣，最後還是要以分數比高下，用功的人才有資格選擇興趣科系及學校，甚至還有獎學金。

女兒的一位高中同學，考上了國防護理，哥哥是讀警察大學，兩兄妹除了免學費外，每個月還有一萬五的零用金。媽媽樂得直言：

「從此可以不用辛苦上班工作了，就算最小的弟弟讀私立的也不怕了。」

兄妹倆一夕翻身，又能肯定自我，讓自己人生更精彩。在所有競爭裡，讀書還是最公平的，報載一位魚丸小販，小學畢業後就去賺錢，不想念書。一位老師不斷鼓勵他：

「這樣不行哦，將來想成功，要讀書才可以。」

就是這句話改變了他的一生，從此可以不再賣魚丸。他從初中夜校開始一路半工半讀，花了四十三年，終於取得工商管理博士學位。

恨渠生來不讀書，江山如此一句無？不要再嘆懷才不遇了，你懷的才為何人家不要？而人家要的才，你又剛好沒有？抱怨沒用，有時間還是用來讀書比較上算啦！

自己都不讀書，叫我讀書？

當能力未被肯定及成功前，
外人必會先評定：
你的外在及學歷。
這就是社會的現實面。

有位讀小學的孩子非常好問，但他卻不敢問老師。然而去問媽媽，媽媽不會；提起勇氣問爸爸，爸爸也不會，因為他們夫妻倆的學歷都很低。

「我怎麼那麼倒楣？」這孩子抱怨父母都不懂，也漸漸澆熄了自己的熱忱，從此不向父母求救，因為問了也是白問。

想當然爾，這孩子功課很差，表現平平，很可惜！你無法選擇父母能力，但你一定要有能力做好你孩子的父母。

許多媽媽寫信給我，有時無力教自己孩子。年輕時不懂事，不喜歡讀書，以致英文、數學不好，結果自動放棄，混個畢業證書到社會工作賺錢。殊不知教育下一代比自己學更累，更怕孩子步上自己後塵。

讀書能改變一個人的氣質、內涵，提升個人的道德標準，拓展視野及建立正確人生觀。多充實自己能讓自己言之有物，不再插不上話或內容只能談天氣好壞或風花雪月。

想更上一層樓的，臨門一腳還是要靠讀書補足。許多藝人感嘆如果有機會，希望能多讀書改變氣質，說話更得體。曾有記者訪問歹徒陳進興：「如果人生可以重來，你會怎麼做？」

「我要好好讀書！」

讀書是學生的本分，就如同父母要賺錢養家道理一樣。天有不測風雲，人有旦夕禍福，你哪曉得明天先到還是災難先到？所以太太從小就告誡兩個孩子：

「萬一哪一天，爸爸媽媽突然不在了，你們兩個一定要把書讀出來，不管爸媽發生什麼事，絕對要讀書，保險金一定夠你們讀到畢業，兩人要合作，一路相濡以沫，書讀出來就能養活自己。」

什麼都教，什麼都交代，什麼都不忌諱，是我和太太對孩子的教育態度，尤其必須抱著終身學習的熱忱。王品集團董事長戴勝益說：

「過去低學歷、草莽打天下可成就事業的時代過去了。」

人生這麼長，你哪知道哪個階段會用到？當能力未被肯定及成功前，外人必會先評定：你的外在及學歷。這就是社會的現實面。如果你能確信以後都能滿足於現況，確保自己不抱怨、不後悔、不羨慕別人，甚至將來孩子反問你：

「自己都不讀書，還叫我讀書？同學父母都會，問你什麼都不會。」

孩子拿你和別人作比較時，你都能淡然接受不抓狂，那我也尊重並接受你此時的任何想法及作法。有位朋友日前提供了一則笑話，我覺得很有趣。

一夥劫匪成功搶劫銀行，回去後新來的搶匪說：

「老大，我們趕快數一下搶了多少？」

「別傻了，這麼多，你要數到什麼時候啊？今天晚上看新聞不就知道了嗎？」

老劫匪提出自己的工作經驗之談。

劫匪走後銀行高層要主任趕緊報案，主任剛要走，高層急忙說：

「等等！把我們上次私自挪用的那五百萬也加上去！」

「要是劫匪每個月都來搶一回就好了。」主任說。

第二天新聞報導銀行被搶了一億，劫匪數來數去只有兩千萬。老大罵道：

「媽的，老子拚了一條命，才搶了兩千萬，銀行高層動動手指頭就賺了八千萬，看來這年頭還是一定要讀書啊！」

雖然是笑話，但也是現實。讀書總還是比不讀書划算。

同學爸媽都有接送

孩子要求你，
你當然也要順勢要求她，
不可單向予索予求，
讓孩子只想坐享其成。

幾年前到新竹一所公立高中演講，結束後一位媽媽和我在輔導室，聊了一個多小時，因為她對於高中的女兒束手無策。

表現平平，父母的要求也當耳邊風。從學校放學坐校車回家，站牌離家還要走十五分鐘路，媽媽從小幫孩子打理得很周全，也每天接送。

但怎麼自己的付出和孩子的表現不成正比，熱忱漸遞減當中，不想再載了，女兒卻強力抗議。

媽媽思考好一段時間，一直下不了決定，不知怎麼辦？

「人家同學的爸媽都有去載而我沒有，會被笑，很沒面子耶？」當媽媽的不會解釋，無言。

今天孩子會變這樣，其實是縱容出來的。父母做得太好，孩子卻視為理所當然，自己樂得輕鬆。

我的小孩如有類似狀況，我絕不會去載。權利和義務是相對的，除非我感受到你的積極度。要比照同學？同學們都很認真，你怎不提？不要告訴我有的同學成績也很爛啊？功課、態度是比爛的嗎？

「你要求我繼續載？當然沒問題啊！當初去載，不是因為同學爸媽都如此，也不是為了面子，而是為了節省時間，讓你回到家能做功課，早點睡覺。結果幫你省下十五分鐘，你回來上網卻浪費更多，去載你變成毫無意義，自己卻不珍惜大段時間，卻要別人幫你把握小段時間，這樣不行。你必須改變，把時間投資在課業，載你才有價值。」

孩子要求你，你當然也要順勢要求她，不可單向予索予求，讓孩子只想坐享其成，呼之即來，揮之即去。只要孩子願意改變，再遠我一定配合，共體時艱，無可厚非。

我曾答應女兒，高中期間只要月考前一週，早上校車直達，放學我負責接送，讓她可以安心留校夜自習到九點半。

有時離峰等公車很久，回到家平均至少花四十五分左右。但我去載回來卻只需十五分鐘。

在高三上學期，也就是大學學測考前半年，我每天去載她回家，讓她安心留夜自習專心讀書，每天多了半小時可以睡覺，高三下考上後，我不載了，因為沒有意義。

孩子用功，時間緊迫而他力有不逮，是有必要接送的，至少每天可多睡個半小時，這非常寶貴。像兒子學校我載他只要七、八分鐘，坐公車連等至少半小時，每天睡到七點半都不會遲到。

我是因為孩子沒浪費時間，也很努力，所以我幫他們省時間才有意義。但到大學，我就不會載了，你們必須坐捷運或公車、走路。

這又不考，我讀它做什麼？

人生這麼長，
學校不考的，
出社會卻考最多，
機會是留給準備好的人。

聽明調皮的孩子，大部分很懶、斤斤計較，很會算計，喜歡偷吃步；不輕易被佔便宜，沒有立即好處的就懶得做，態度出問題。去年兩個孩子受邀參加台北市龍山國中家長會的一場對資優生的演講中，兒子自曝：

「我爸每天都有固定時間叫我閱讀，可是都沒真正讀過，反正我爸又沒考我。」台下一片笑聲。兒子接著說：

「到高中才知道很苦，小學、國中老師叫我們寫閱讀心得，我也是前面翻翻，後面翻翻就會寫了，都是混過去，隨便都拿高分，心想讀那做什麼？但到了高中慘了，有的題目看不懂，以前不知道閱讀有什麼重要？原來是為高中作準備，早知道那時候就多讀些。」

兒子小學時常說「這又不考！」不肯多做課內以外，自認為沒有意義的事，他說這是在浪費時間。姊姊聞言反駁他：

「讀書又不是為了考試！」弟弟無言傻笑。

姊姊的觀念來自父母平常的諄諄教誨，而且她聽進去了，弟弟卻自認聰明而聽不進去。兒子最近坦言，國中、國小只是應付我、應付考試而已，不是真正有興趣讀書、喜歡讀書，反正也很容易混，為了考試成績而已。

直到進入科學班後，才真正想為自己讀，看到那麼多厲害的同學，想追人家的動力。「如果今天是到普通班我還是會以國中小模式讀書，分數也沒問題。」兒子繼續爆料：

「小時候爸爸周日帶我們去參觀什麼展，什麼紅毛城、國父紀念館、故宮等等的，我都嘛沒在看，心想這些考試又不考，只想快點回家打球、打電動。」這時姊姊搶話替弟弟補充：

「當時都沒在看，只喊著什麼時候要回家啦？哪裡有好吃的啦？」弟弟竊笑自己小時候的幼稚。

兒子到了高中才知道課外的重要，現在是「半暝吃西瓜——反常」，學校要考的都臨時抱佛腳，而不考的卻一直研究、延伸，教科書白得可以賣，因為他想要自己腦袋裡有東西，不管是思考邏輯或能力，而不想一直死讀書，要為自己認真打拚。兒子有天晚上還對我說：

「要是我會英語，和台語交換就好了。」意思是說他台語不必怎麼學也很溜，英文卻要背得要死要活。乍聽之下言之有理，長遠來看錯很大。我當場告訴兒子：

「現在是考試導向，台語不考，英文要考。英文再怎麼不會或排斥，你也一定會去學，辛苦一點而已；台語你不可能特地去學，因沒有急迫性。以後呢？大家英文程度差不多，台語卻沒你溜，有的甚至不會講，到時你就知道誰更重要了，其實不考的反而重要。」

「你說的也有道理啦！」兒子很少稱讚我的。

四十多年前我讀小一時，很羡慕所謂的外省同學，他們母語就是國語，不必學習就會講了很輕鬆，而我只會台語，高年級還因習慣講台語被罰錢。但現在長大了，我的國語和他們一樣溜，可是他們的台語卻慘不忍睹。

當時認為這又不考，會這個有什麼用？想不到四十年後卻為我的演講加分，至少多一倍的精彩度，更拉近和聽眾的距離，效果十足，始料未及。

人生這麼長，學校不考的，出社會卻考最多，你怎知道在哪個階段派上用場，機會是留給隨時準備好的人，目前不考不代表以後不考，沒有白做的工。

像女兒大學口試，很努力用功準備了國語及英語的自傳，教授卻要求她以母語口述，還好從小在家我們大部分要求自己以母語交談，所以難不倒她，教授稱讚她講得很好，因而能以高分錄取心愛的第一志願藥學系。

寧願備而不用，不可用而不備、後悔一輩子。就曾有筆試第一名的博士考公職，因口試成績不滿六十分而落榜，因他從小習慣著重考試會考的部分。

《天下雜誌》調查，如果不考試，只有二成二學生會主動讀書，除了上補習班外，不再學習新知。課外知識是最基本的鷹架，許多聰明的孩子不肯好好下功夫，斤斤計較。電動也不考啊？為何你天天打？卡通劇情要考嗎？你卻天天看？所以，李昌鈺博士說：「再忙，每天至少讀一頁書，大學文憑不保證你可以成功。」

考試又不會考，我讀它做什麼？如果孩子從小讀書基本觀念及態度建立好，長大了，孩子自己想要時，父母要他們放輕鬆時，他們反而覺得不自在。這是目前我家兩個孩子的情形。

習慣做別人不願做、不想做的小事，持之以恆，終有一日將是大贏家，人生勝利組。

人家牛頓也這麼脫線啊？

不能一面強調自己是重機，是可以上快速道路；一面又想在停車時，能不能停機車格比較省錢。

多年來已有多位聽眾向我反映，孩子丟三落四，忘東忘西，什麼都不知道，氣到心臟都快停了！罵他一句「這麼脫線」，孩子居然馬上頂了回來，「人家牛頓也這麼脫線啊」？媽媽傻了。回到家我講給太太聽，她說出自己的想法：

「人家牛頓這麼認真研究，你有嗎？如果有，我不會再念你脫線，甚至鼓勵你脫線，等你成為令人佩服的牛頓。不是只比脫線部分而不比努力。」

對！這也是我認為的正確解答，君子所見略同。但好多媽媽卻被兒子唬得一愣一愣，反應及口才不及兒子敏捷，還真誤以為孩子有牛頓的特質。

有些孩子習慣合理化自己的懶、無所謂、不在乎的輕忽態度，拿名人當擋箭牌而已。她們真的了解牛頓脫線背後的真諦？還是只記得他忙到把錶當雞蛋放入鍋裡蒸的那一幕？

很多孩子被罵後都頂媽媽：「牛頓也是脫線到把錶放入鍋裡煮，聰明的人都這樣的啊？」媽傻笑認為好像言之成理，又說不出哪裡有問題，讓孩子得意洋洋，順理成章的繼續「脫線」下去。

聰明的人都這樣？你只說對了一半，像到了一半。聰明外加努力的人，大部分都這樣，我承認，你如只有聰明缺少努力就沒資格說這句話，充其量只是會耍嘴皮子的小聰明罷了，只會吹「牛」又遲「鈍」，此鈍非彼頓，沒有牛頓的精神。

有的媽媽乍聽到脫線就是聰明，還以為是正常的好事，忽略了全貌。只有聰明而不努力的脫線，其實是最慘的。燈不點不亮，話不說不明，不要馮京當馬涼，不一次說清楚我真的受不了。

牛頓為了研究製作望遠鏡，也曾忘了吃飯虛弱得快昏倒撐不住，而你三餐從來也不用人提醒，時間未到就叫餓；也沒看過你因讀書忘了吃飯或昏倒過啊？還自比牛頓？什麼都能忘，吃飯跑第一，選擇性脫線，拉牛頓當藉口。

笑人家把錶當雞蛋煮？這時他已是教授級了，是忙、專注最重要的某事而忽略次要的事，而你卻都只記得次要的事，重要的正事反而都忘了，和牛頓相反，這才叫脫線！只要有大優點，人家會忽略、縮看你的小缺點，你當教授被肯定後，脫線沒人會講你，能體諒你忙，但現在身份是學生，牛頓當學生時是很認真，功課是很棒的，你確定自己也是如此？

你數學有他那麼好嗎？人家可是發明微積分的，而你連微積分都沒聽過，更不要說會算甚至發明了。人家小時候是思考「蘋果怎麼掉下來？」而你只是想著「蘋果怎麼吃？」人家是努力思考、專注實驗，無法面面俱到是為了成就大事，不像你是無所事事，完全無法類比。人家的脫線是可接受的，人之常情的，甚至佩服的，而你的脫線根本是「欠罵」！人家是才華蓋世，發現的偉大定律不知凡幾，你是不知所云。

某位女藝人挖鼻孔扮鬼臉上新聞畫面，她卻辯稱「學某前輩的」。後來被批「不學某前輩的專業、敬業，學人挖鼻孔作什麼？」這兩件事有同工異曲之妙，解答也一模一樣。你不學牛頓的精神及態度，學人脫線作什麼？脫線是因為太專注而廢寢忘食，而你專注什麼而脫線、廢寢忘食？上網、打電動還是滑手機？

孩子要學的是牛頓的志氣與用功，不能一面強調自己是重機，是可以上快速道路；一面又想在停車時，能不能停機車格比較省錢，這時又忘了該「比照汽車」這回事了。

同理，孩子又要藉牛頓脫罪，對他所有好的對的卻不想比照？雙重標準！這是山寨版的「牛頓」，又牛又頓；只會吹「牛」又矛「盾」！

當然，以上都只是口氣較嗆的反諷，心軟的媽媽也可選擇較溫柔不刺激的「請君入甕鼓勵版」，免得青春期的孩子無謂反彈。

「你說的沒錯，我也能接受，可見你有牛頓的特質，以你的脫線程度，將來成就必能超越他。學習是從模仿開始，相信你每一天絕對都能像牛頓那麼努力及專注。我很為你高興，也很期待這一天！」

兒子脫線事蹟百百種，有一次他把褲子丟入洗衣籃，被媽媽放入洗衣機洗，挖出來晾時才發現口袋有手錶，放學回來不知反省，還沾沾自喜說風涼話：

「哇！我和牛頓一樣耶！只是他的錶是放鍋子煮，我的放在洗衣機裡洗，以後我就成為牛頓了。」

「嗯！不錯！這段話下一本書會出現。」我很高興挖到寶了。

「喂！當我沒講。」兒子逃之夭夭。

哎！從小就非常脫線的他，曾忘了洗澡、忘了刷牙、忘了洗臉、還常忘了帶課本，什麼都能忘記。幸好，他還記得我是他老爸！

孩子脫線我要幫他嗎？

如果沒脫線，
根本沒時間思考創意。
每一樣都在意，
每一樣都小心，
那就不敢挑戰了。

到底幫不幫孩子？許多父母很困惑，不知如何拿捏？不幫？孩子那麼累，沒時間、睡不飽，不忍心！一直幫、幫太多，又怕孩子被寵壞了變「媽寶」、「爸寶」，甚至生活白痴，怕日後無法獨立，失去生活能力，太多爸媽問我這個兩難問題了。

上個月到桃園大溪一所國中，發問時間有位媽媽告訴我：「國中的兒子很脫線，什麼都能忘記，要幫他嗎？」

「他態度及成績如何？」

「都不錯。」

哎！要問孩子脫線的事，問我就對了，因為我家就有一個。

「如果是正向的、認真的忙而將正事忘了，我會鼓勵你一定要幫，不然他會沒時間睡覺，就如董事長需要一位祕書提醒行程一樣。我也因太忙，常要太太幫我記東記西，難道我有錯？你兒子認真，要幫他但得設停損點，到了大學已過了課業高峰期，就要學會放手，只需留雙眼睛觀察即可，不然會有後遺症出現。」

這位媽媽豁然開朗，一下子就懂了。我大略可歸納成兩點判斷原則：

一、不忙不幫，不因正事忙的脫線我也不幫，至少讓孩子學會了承受及面對，有能力可以自己解決自己惹出來的問題。

二、努力、認真、態度佳，忙於正事的孩子我一定幫；但也只幫到高中畢業為止，幫一輩子就是錯。

課業及能力至少要抓住一項，我比較貪心，兩項都要，所以才變通設一個停損點可以兼得。

不要怕被批評為直升機父母，至少我們願意付出、懂得要求，品格、課業、態度都能保得住一個水平。孩子上大學後我們放手，獨立的生活能力絕對還來得及訓練回來。

反觀批評人的孩子，可能他連自己孩子的品格都帶不好，光有生活能力、光能獨立何用？獨立是遲早的事，但品格不好一輩子完蛋。

大部份越脫線的人，越有資優的特質。而資優生有三大缺點：一、自私、自我。二、ＥＱ差、脾氣差。三、嚴重的脫線。而脫線也分兩種，資優型的脫線是正常的，請給予空間；一般型甚至是平庸型的脫線，那叫掉漆、不在乎、無所謂，態度一定要矯正回來。

兒子曾嘀咕：「我連這種小事都要記、都要管，這樣我什麼事都不用做了。」「大師」開示的是，太注重枝微末節的人，是成不了氣候的，資優孩子心中有自己一套邏輯。原來脫線在兒子的口中，成了他們這類人的大優點，聰明人有聰明人的想法。說的也沒錯，牛頓連小事都要管，那牛頓也不會成為牛頓了。

「如果沒脫線，我根本沒時間思考一些創意。每一樣都在意，每一樣都小心，那就不敢挑戰、不敢闖了。限制太多，那又表示什麼？這種脫線可以被體諒，真正不能被體諒當藉口的，應該是脫線又不認真思考的迷糊。」

我這老爸好像換人當了，被自己兒子訓了十分鐘，因為他說得太有哲理，我只能乖乖的豎起耳朵聽，不敢回嘴。他從高二起，連續選上班長、副班長，姊姊第一個跳出來吐槽：

「選一個脫線的人當班長，你們全班不是廢了嗎？」

媽媽也接著說：「他們班上的同學眼光不好，要自求多福了。」其實這可能和他不計較的個性有關。夜自習的晚餐常是同學的零食來源，餓的人隨時會找他，袋子內一定有乾糧、豆乾、餅乾。我還奇怪他的人緣什麼時候變這麼好？原來是靠賄賂來的，哈哈！但有趣的是，他對公事很盡責很謹慎，不敢怠慢，也沒聽說出過什麼差錯。

奇怪ㄟ你！原來只敢脫線自己的事？從小丟掉的東西不計其數；課本能丟、制服也能丟；水壺、泳褲、雨傘、手錶……。最近到台大修課，保溫便當也可以丟？去年找不到一件很好穿的外褲，細想之下才發現丟在加拿大，全球都快佈滿他丟的東西了。除了黏在皮膚上的以外，什麼都能丟。

其實他是非常有資格脫線的人，無時無刻不為自己興趣、理想、前途打拚，認真努力的人我怎能不幫？

不過這種人，我老了絕不跟他單獨出門，一定也會把我弄丟！

Part 6

怎樣讓孩子主動學習？

上有好者，下必從之。
身為火車頭的父母不動、不用心，
孩子也學你不動、不用心。
想要得到，就不會覺得辛苦。
覺得辛苦、覺得難，就是你目前還不想得到。

好難喔！我不會

學習時的苦痛是暫時的，
未學到的痛苦是終生的。
此刻打盹，你將做夢；
而此刻學習，你將圓夢。

許多讓孩子提前學習的父母，一定有個熟悉的共同回憶，常聽到孩子抱怨：「好難喔！」

我是一路聽到臭酸了。女兒高二時，換了位數學老師，女兒很不捨，因為她很適應原本這位老師的教法，分班後向原來這位老師商量，要他的講義拷貝。聊天當中老師談及自己讀小一的兒子，雖然買了很多數學教材給他，但他兒子卻一直在叫：「這麼難！」

「就是難才要學啊！」老師這樣回他兒子，女兒聽了就覺得好好笑，好熟悉，以為老師看過爸爸的書。這句話就是我常用來回答當時還讀小學兒子的話，記得接下來的連環炮是：

「那你永遠學一加一好不好？」

「不要！」

「太簡單的你嫌無趣、學過的你也不屑，具挑戰性的新題型又喊太難？這也不要，那也不要，那麼你到底要什麼？」

就是難，才要學。會了就不難，覺得難就表示你還不會。這句話讓一位林口的媽媽打電話來，稱讚我的書真好用。她兒子五歲，常教他一些常識或英文，兒子卻直嘀咕：「好難喔！」

原本不會回答的林口媽媽，買了我前幾本書後，就套用我書上的話現學現賣，回覆兒子：「就是難才要學，你要學簡單的嗎？不會的叫作難，會了就不難了。」她兒子覺得很有道理不再抗拒。

從小我不斷的灌輸兩個孩子：「就是難，我們才有機會。認真學，難的會變簡單；不認真，簡單的也會變難！你是要以後愈來愈難？還是現在難但日後愈來愈簡單？」

事實上我的兩個孩子，都是這樣「難」出來的。剛開始邊叫邊學，因為我的話長期在功課上得到印證，孩子終於了解、接受並願意挑戰。

喊難？永遠怕難，就是難、就是人家不願意做，我們才有機會。像我生平不坐飛機，縱然你要付費請我出國遊玩，我也會拒絕，因為我有懼高症，一個連上陸橋都會腳軟的人，怎麼坐飛機？我寧願一輩子當宅男，飛機？看看就好。哈哈！虧我還當了三年空軍，年輕時我已下定決心，這輩子絕不坐飛機。

哪知前年金門的一所學校演講邀請，讓我不搭飛機的誓言破功了。老實講，決定赴約前我也考慮了好久，想了很多理由要拒絕，但我也知道，這一次不跨出去、覺得難，我永遠排斥，以後就更沒機會突破這一關了。

為了給兒女做個榜樣，我硬著頭皮也要接了下來，挑戰自己。出發前一晚，我好像荊軻要去刺秦王前的易水送別，還故作無事的問女兒：

「明天我要去金門，要不要照張相回來給你看啊？」

我那孝順的女兒回我：「那不重要，你只要記得買兩包貢糖回來給我吃就好了。」

老爸擔心了半天，女兒卻只關心貢糖。算了，我反身問出國經驗豐富的兒子：

「好緊張喔！不知道你爸明天會不會坐飛機耶？」

兒子卻很淡定的回我：「有什麼好緊張的，只要有屁股的人都會坐！」

這真的是我兒子嗎？你一定要這樣回我嗎？我只好不甘示弱的恭維他：

「你的屁股真聰明，還會坐飛機？」

去年我又去金門講了兩天，原來搭飛機真的不難，有屁股的人都會坐，我也藉機向兒子證明，你爸真的是有屁股的。

去年女兒大學學測，數學考題是五年來最難的，但她反而寫得很順。建中一位數學老師說，以前他寫一份二十分鐘，這份考卷很難，居然寫了四十分鐘！女兒回家對答案，「這題對了！」、「這題也對了！」在一旁的弟弟虧她：

「你以為你在選立委，自行宣佈當選喔？」

不理會弟弟，她笑得合不攏嘴：「好，數學十五級滿級分，宣佈當選！」全家笑歪了。

數學難？是難到以前喊難而放棄的人，女兒沒放棄，所以現在覺得太簡單了。數學好，物理自然好，一科救兩科，女兒也靠理科超強申請到中國醫藥大學藥學系。一位同班同學總級分贏她兩級分，卻在第一關就被同校系刷了下來，很鬱卒的跑來問女兒怎麼回事？因為此系第一階段比的是數學、自然、英文，她敗在數理。

數學是科學之母，非常的重要，數學好也和資質無關。以我女兒從小出名的「水泥」頭腦，照樣國中數學全校一%；高中數學全校一%；大學學測數學滿級分。

連資優的弟弟也臣服其下，這要歸功於我獨創的「長、中、短程不補習法」，所以女兒課內的考試絕對沒問題；如果是競賽，就要靠弟弟的思考、延伸功力了。

哈佛圖書館的訓言：「學習時的苦痛是暫時的，未學到的痛苦是終生的。此刻打盹，你將做夢；而此刻學習，你將圓夢。」

現在兩個孩子終於相信我的話了，以前的「難」是為了日後「容易」；以前不願意難的，現在都變難了。他們兩個今日覺得容易都是以前難出來的，就是難才有你的位置！

這麼多、這麼難，我做不到！

想要得到，
就不會覺得辛苦。
覺得辛苦、覺得難，
就是你目前還不想得到。

一件事難或不難，決定在於父母，而不在孩子。孩子是主動發起的元凶，大人則是被動附和的幫凶；沒有幫凶，元凶是成不了氣候的。

十多年來看過、聽過太多太多這種父母是幫凶的實例了。

小孩：「我寫這麼多、這麼難，考試都沒考出來，有什麼用？」

大人：「對啊！補了半天分數也沒上來，難就不要寫了，反正沒用。」

不明就裡的父母，聽到孩子喊好難，可能就心軟了，想說幹嘛折磨孩子？成績也沒進步，考試現在又不考。於是順著孩子的意思，聽孩子的話，退掉所有的提前學習，孩子當時好快樂。

但是到了國中，父母又逼著孩子去補習，讓孩子一下子又掉到更痛苦的深淵。

這時的父母應該會後悔，當年退掉提前學習的同時，也順便退掉了孩子的基本實力，甚至連孩子的耐性與態度也都退掉了。

學齡前的提前學習能退，請問小學遇到難還能退嗎？唇亡齒寒啊！少了第一線警示保護機制後，原本位居第二線的小學，自然躍升為必須面對的第一線，自然步入逃無可逃、退無可退的窘境，只好痛苦地上補習班。

眼前就有個活生生的例子。一位媽媽買了我第五本書後，打電話向我懺悔，保證要澈底改變。幾年前買到第一本想著「我做不到」，當初可以閃，孩子還小，但前十名都沒問題，感覺不大，所以貫徹的決心不夠，後來果然問題就來了。

開始第一步的磨合期較辛苦，但也很重要，就如夏天洗完澡後，體溫很高，房間悶熱，剛打開冷氣不會馬上覺得舒適。這時躺下來根本睡不著、很難過，想馬上進入夢鄉是很難的。

但如果你不要心浮氣躁，順其自然地等待體溫下降，等冷氣降溫降到差不多了，這時會出現所謂的黃金交叉，怎麼會睡不著？而且愈來愈好睡，不先設定溫度，半夜還會覺得太冷，為什麼？你戰勝了溫度。

同理，一開始覺得難，是孩子的基礎能力不夠，是不是也應先提升孩子的能力，他的能力會愈來愈強，愈來愈順手後，自然覺得不難了嘛！於是一個強度上來，一個難度下降，黃金交叉點就出現了，越過交叉點後，孩子會愈來愈有自信及成就感，因為他心裡知道，自己戰勝了「難」。

好多父母及孩子，難以耐心撐到黃金交叉就放棄了，但你會因為頭先難睡而放棄乾脆不睡嗎？不會！因為不睡不行，不然明天馬上有後遺症，無論如何都要想辦法睡著。但因長程的學習，無法立即看到成效，多數人總是能閃則閃，以後再說。

古代外科手術不發達，產婦遇到胎位不正時就很危險，難產時根本是賭命。所以小時候當我有難題無解時，外婆總安慰我「頭過身就過」。但現在醫術發達，觀念要跟著進步，不要再等「頭」過了，該選擇「愛怎麼過就怎麼過」！

教育孩子，不能預期太高，不然失落感也愈大。努力是應當，成功就交給老天爺吧！難？做不到？連我太太徐媽媽（李春秀）這種筆拙口拙、上台腿就會軟的人都能出書《6歲前，帶住孩子的心》、演講了，還有什麼不可能、做不到的？

小學沒用，不代表國、高中沒用。小學分數沒上來，是你沒搭配我第四本書裡提到的《我這樣陪孩子走升學路》短程不補習法所致，我們走了三、四年後才看見成績，有的妄想立竿見影怎麼可能？

若能堅持的父母，孩子到了國、高中，與同學之間高下立判，你會看到成果。想要得到，就不會覺得辛苦。覺得辛苦、覺得難，就是你目前還不想得到。孩子不懂，但大人千萬也別跟著不懂。

爸！先有雞還是先有蛋？

上有好者，下必從之。
身為火車頭的父母不動、不用心，
孩子也學你不動、不用心。

「爸！先有雞，還是先有蛋？」

兒子剛進小學時，有一天忽然問了我這個問題，對只有國中畢業的我來說，這問題考倒了我，對這個無解的難題，我只回他：「都有可能」。

到了小五時，他又問我同樣的問題，我才驚覺幾年前的回答他不滿意，也不精確，所以他會再問一次。

我想起了小時候讀書時課本裡的一個故事，瓦特有一次和媽媽到祖母家，看到祖母正在燒開水，他坐在一旁觀察。當水煮開時馬上問著奶奶：

「奶奶，為什麼壺蓋會跳動呢？」

祖母笑著說：「傻孩子，水開了自然就會跳動啊！」

這顯然不是瓦特預期中的答案，他要的是原理，而非表面看得到的自然過程，孩子不需要大人沒營養的廢話敷衍，不滿意時他只好自己思索、推斷，應該是蒸汽推動的，因此發明了蒸氣機，讓人類進入動力時代。

當孩子讀小學了，我也深深體會到要給孩子一個具體的理由及想法，因此很認真的想了一天。但我也沒查資料或電腦，因為那是別人的想法，我很嚴肅的告訴兒子關於自己的判斷：

「爸爸個人認為，應該先有雞才合理，那第一隻雞哪裡來？沒有蛋怎麼會有雞？我想有可能是突變或長期演化而來。」

當時兒子似懂非懂無趣的走開了，沒有繼續提問延伸問題。七、八年後，兒子已經高三了，他居然自曝他當初問這個問題的目的：

「當初問你這個問題，是因為在學校不要說同學，連老師都不會，我才故意回家糗你，準備看你笑話，心想你根本不可能會回答。之前每次問你問題，你都會回答，當時的心態就是如果你不會回答或沒有回答，你就輸了。哪裡知道隨便問一問，你居然也正經八百的回答我？不好玩。」

想不到孩子小學時就有了心機，要我？要我下不了台？如果我是一個習慣不回應的爸爸，在孩子的認定裡就是輸了，那我還能帶得了他嗎？如果帶不了，那兒子又是今天這樣子嗎？事實上有一大票父母，從不正面回答孩子的問題，也不去尋求解答，這種不願跟著孩子成長的父母最可怕。

就算不知答案，我還是會把自己的想法分析給孩子聽，雖然很煩，但不會不理他，這種習慣養成了兩個孩子到現在都還會找我們大人討論，所以別怪孩子長大了不理你？原因還是你小時先不理他的！

兒子待我不薄，小時候我教他，現在換他教我了。讀高中後他告訴我：

「『先有雞？還是先有蛋？』是大多數孩子總有的疑問。其實，這個問題的根本來源是我們對於『蛋』和『雞』的不認識，想要得到真正的答案，就必須對問題有正確的認知。

一般而言，我們所說的『蛋』，指的是受精卵外有著白色結晶硬殼者稱之為蛋。至於『雞』應當是指『有能力產下蛋者的生物』。好了，我們已經清楚的定義牠們了。

但是第一隻『雞』呢？很顯然的不是從雞蛋跑出來的，否則產下那顆蛋的也應該叫做雞，那第一隻雞就不是第一隻雞了。那第一隻雞到底從哪裡而出？其實是由兩隻不同種類的『原始雞』所產下，學術上稱之為『雜交』，只不過受精卵外並沒有蛋殼附在外面，但是當牠再與自己的同類進行繁殖時，牠們產下的受精卵外卻擁有著蛋殼，即是我們俗稱的蛋。

這一切看似突然與不合常理，事實上有很多常見的例子可以進行類比。例如：馬與驢雜交後所產下的物種，既不是馬也不是驢而是『騾』；雄獅與雌虎雜交後所產下的稱之為『獅虎（彪）』。只不過騾與彪無法進行生育（雖說有點例外，暫且不論），而無法像雞一樣成為新種。

綜合以上的敘述，我們應該說：『先有雞，才有雞蛋。』」提出先有蛋論點的，那顆蛋並不能叫雞蛋，充其量只能叫作「雜交蛋」。所以，先有「雜交蛋」才有第一隻雞，但先有雞，才有「雞蛋」。

兒子說的我一時記不下來，就請他把想法打字整理好之之後給我。他只花了十多分鐘，卻要求抽我版稅，父子間這筆賬很難算了。

上有好者，下必從之。身為火車頭的父母不動、不用心，孩子也學你不動、不用心。下次孩子再問你雞生蛋或蛋生雞時，不要不理或只說不知道。

老師借課都不做實驗

心態要改，課內只是基本，
贏在課外、贏在思考、
贏在習慣及態度，
學校不考的反而更重要。

有一個周六晚上，一位爸爸打電話來，說生物課老師都不做實驗，但兒子很有興趣怎麼辦？該買燒杯及其他實驗器材給他嗎？

「如果你的經濟許可，當然買給他；如果不行，試著向學校借借看。但安全防護要做好，實驗衣、護目鏡……。」

可憐我們的教育，為了升學只看到眼前的利益？焚林而田，竭澤而漁？

「孩子，老師不做，我們自己做！」這是我給孩子的標準答案。

也有家長在部落格留言板問我：

「國三化學，學校沒時間做實驗，學生只能用背的，這樣實在很令人擔心，請問要如何解決呢？」

其實這已是常態了，為什麼我一直強調，教育不能完全只靠學校及老師，家庭教育更重要。我孩子也曾遇過，生物課本教不完，一直趕課，實驗課取消，死背答案。到底是過程重要還是答案重要？老師一直塞給你答案重要？還是學習自己思考重要？

無奈在升學考試裡，實驗過程不考，但標準答案會考啊！肯死背的就能考上好學校，卻扼殺了孩子的創造力，學校升學率不好也會被批，甚至招不到學生，兩難下只好找相關資料了解、補足這一塊，甚至買材料做實驗，確定在安全狀況下。兒子就有這種習慣，我也全力配合，所以思考邏輯超強。

兒子小學獨力製成磁浮列車，國中研究氫氧電池，一整本書，厚厚的七百多頁，學校又不考，只是要忙到我，需載他到處買材料，做家長的要身體力行支持，不能口惠而實不至。

以前我讀國中時，老師借課更誇張，體育、工藝、美術等凡是與升學無關的科目，都被犧牲掉了，想不到如今已是二十一世紀，這種現象依然存在。

一位高工資訊科主任指出，考試制度是始作俑者，統測考五、六科，只要把考科念熟，不必做實驗照樣考上好學校。學歷升級，技術卻弱化了，大學資工系不會寫程式，電機系學生不會看電表，不足為奇，因為升學考試不考。

媒體說的確實，台灣中學生的科學素養大退步，專業自然科教師不足，有的老師科學素養不足，教學只能照本宣科，也幾乎不做實驗。連我們大人都在無形中灌輸孩子「這又不會考」的錯誤觀念。

一方面指責他們不考就不讀，另一方面自己又做相同的事，這樣口是心非或者說是口非心是的虛偽教育，能讓孩子的競爭力上來嗎？惡性循環下只有填鴨、只有犧牲素質、只有小時了了，高中前靠死讀書在國際競賽裡大放異彩，但成年後叫得出名字的科學家有幾個？急就章，根基打得不好，我們就輸在思考及創意上啊！

我們沒能力要求學校一定要如何做，但一定有辦法要求自己孩子該如何補不足。我們無法控制他人，但一定要能掌握自己。

在升學壓力下，孩子常問大人：「這題會考嗎？」但日常生活中，我們遇到的問題，不會有標準答案、也沒有選擇題，一味傳授標準答案只會讓孩子的思考僵化，孩子也無法面對未來的世界。

家長若能鼓勵孩子，上課前先在家讀過課本，就會有更多的時間來做實驗。課堂上的知識要實際應用在日常生活中，否則這個知識就是空的。

台灣的教育在升學壓力下，很多做法已被扭曲，時間排擠下讓孩子只學會短線操作、只懂得死背；家長眼中只有升學率、只有明星學校；沒有過程、沒有思考、沒有禮貌、沒有道德標準……，因為這些都不考。

西方哲人但丁說：「智慧如有不足，可以用品德來補；但品德不足時，無法用智慧補足」。我們的碩博士比例雖高，讀書人多卻不用心讀透，只追求空有的學歷。因為從小就注重考試，對不考的就無感、忽略、不關心，當然包括生活教育及道德標準，學生、家長都一樣。

心態要改，課內只是基本，贏在課外、贏在思考、贏在習慣及態度，學校不考的反而更重要，尤其是品德教育是一切教育的根源，一定要從小紮根。如同愛因斯坦名言：

「眾人都說智慧造就了偉大的科學家。這是錯誤的；品格才是。」

為何要做這麼無聊又重複的？

第一名會過去，
態度卻是一輩子的。
簡單的事，重複地做，就是專家；
重複的事，用心努力做，就是贏家。

讀者常在我臉書或部落格留言板鼓勵及發問，有的甚至把其他網友的所有留言都看完，精神可佩，這種想要的態度就對了。最近一位媽媽發問，討論對於聰明孩子的態度拿捏問題，我覺得這是一個非常棒的範例，特別抽出來和大家分享。

這位媽媽是看完我前五本書，很認真的一位忠實讀者。提及她的教育觀念和我有諸多相同之處，唯一有個很大的不同點在於從未想過讓孩子「提前學習」。不過孩子非常喜歡大量閱讀課外書籍及做主題延伸討論，言談中其實是超越同年紀孩子的，小五的孩子平日很喜歡挑戰題型，但非常不喜歡做反覆練習。

因為孩子對於反覆出現的學習會有厭惡感，之前為了參加市面上的數學競試，學校利用午睡時間提供反覆練習。結果每一大題他都僅寫一小題，其他的就故意空白不寫，弄到最後連指導老師都懶得批改她孩子的練習試卷。

媽媽個人很重視過程與態度，曾問孩子為何要這樣的態度？可是孩子卻回答：「為何要做這麼無聊又重複性的東西呢？」但最後考試成績卻證明了孩子的能力，他還是拿下了特優獎盃。所以是否也要針對孩子的學習習性與特質考量會比較理想？可是不斷練習確實不也是學習中很重要的關鍵嗎？父母這時又該如何說服孩子這一點呢？

大量閱讀的方向是非常正確的，但很多聰明的孩子，卻很沒有耐心、很懶，理由多、藉口不少。因此，不斷練習在國小和國中，還是非常重要。

「為什麼要做這麼無聊又重複性的東西呢？」孩子若在高中時問這句話，我非常贊成、也接受。教材範圍廣時，確實不能一直繞在一點，會嚴重失去創意思考及延伸分析能力。但在國小剛學習之初，基本功和基本態度還有過程很重要，最終結果只是附加價值而已，不趁小訓練，長大定型後就難了。

盡力的第二名，是比不盡力的第一名還可貴的。就如名校的孩子若是品格不好，那名校的光環反而是被攻擊的弱點。同理，第一名的孩子如果態度不對，沒有耐心，當然也就不是最優秀的。

第一名會過去，態度卻是一輩子的。就如我太太最近講的一句話：「簡單的事，重複地做，就是專家；重複的事，用心努力做，就是贏家。」

但父母應該如何說服孩子呢？要讓孩子知道，我們看中的是哪一點？如果沒有態度，拿到第一名，不用稱讚他，也不要表現得很高興。反之，大家就該知道要怎麼做了吧！

或許，有人會反駁，孩子就是因為這樣，所以才能夠得獎的啊？沒錯，所以我才問這位媽媽，到底你看中的是哪一點？要的又是什麼？如果是態度，那麼寧可先不要這個獎，孩子後面可得的獎必然更多、更大。

當聰明度和態度在拉距時，我不會因孩子後來得到好的成績，就認為之前的任何行為都是對的，而反之就是錯的。同樣一件行為的判定豈能以成績論之？這和我理念不符。

每個家庭、孩子的狀況都不同，選擇適合自己孩子的一條路，你自己認為對的就是對，沒有絕對的對與錯。至於我個人，我會選擇走機率較高的路。有的孩子真的很棒，但他可以更棒、最棒、超級棒！

我兒子以前也是非常排斥，總認為一直寫那些無聊的東西有什麼用？但他那時不知態度的培養更重要。現在呢？他感謝我都來不及了。有什麼用？

舉個例來說，他在建中時有段時間生物、數學免修，物理更是從頭到尾都不必上課，段考少考好幾科，時間自己自由安排，一天到晚都是公假、做自己喜歡興趣的實驗，不必死板板的坐在課堂上上課，每天睡九個小時以上……。

而女兒是乖乖牌，小時候叫她寫什麼就乖乖照做，如果不是當時重複一直學習打下根基，今天她數學和物理不會這麼強，學得這麼快樂，而且國小、國中、高中共拿下三座市長獎、三座全勤獎。她高中放學回家，都會跟我們分享她在學校快樂的點點滴滴：

「我們物理老師還跟她先生討論我的學習方式呢！」

「喔？你們物理老師是男的還是女的？」我好奇的問。

想不到女兒很不耐煩的拉高嗓門對我說：

「我剛說她跟老公在討論，你認為她是男的還是女的？她是gay喔？」

他們三個捧腹大笑，我只能苦笑。

資優生在國中、國小時間很多，不浪費的話，絕對有能力做到小考小玩，大考大玩的境界，讓基礎訓練及創意思考並進；非資優生非思考型的孩子，雖然無法並進，但若不利用小學時紮下根基，兩者皆會落空，我女兒至少還抓到一個。

凡事及早準備是有必要的，尤其是對孩子的教育。常看到雨傘或雨衣店門口的招牌寫著：「晴天九折，下雨沒折。」是啊！如果不趁小時候對孩子多加陪伴、規劃、雕塑，長大後我們真的就對他們「沒輒」了。

吃飯配電視，胃會壞掉？

關鍵在態度，胃只是藉口。
蛀牙可補，睡眠補不回來；
自學態度及自信要不回來，
最後連功課也跟不上來。

為了有效率利用時間，現代人必須學會同一時間能夠同時做好兩件事。二十四小時根本不夠用，一段時間只能做一件事，這種想法已是過去式。不會利用時間的人，只好犧牲睡眠或放棄學習。

在生活中，可以結合在一起的，儘量合併在一起做，才有多餘時間可利用，學生才有時間睡覺。比如我在跑步機上時會同時思考；吃飯時同時看新聞報導；等火車時看書或看報，女兒高中三年坐校車二十分鐘的同時，一定以MP3聽完前一天的英文雜誌內容，效果非常好，所以我演講時常提到不想補習又想睡飽飽，唯有利用時間提前學習，結合吃飯時看教學片，國、高中才有時間睡覺。

兩年多前，新竹南華國中的一位爸爸，聽完演講後問我：

「教學光碟很好，但老一輩的阿公、阿嬤無法接受，胃會壞掉怎麼辦？」

「把拔！現在什麼時代了，許多孩子補習，晚餐不是狼吞虎嚥，就是沒時間吃，你的胃壞得更快怎麼不說？睡眠不足下有的還需靠咖啡苦撐，免疫力都不見了，眼睛也壞掉了，還要說什麼胃的好壞？我這樣做只是幾年，胃不一定會壞，如果不做，不是身體壞，就是成績壞。你只看到你擔心的那部分，其實另一面沒看到的更嚴重，兩害相權取其輕，我只是選擇傷害最輕的，你也可以分析給長輩參考。」

顧忌太多，什麼事也都不用做了，什麼都想要也代表什麼都做不好。就算是每天一小時的胃不好，但看到分數後的振奮及期待，其實我們剩下的二十三小時都在笑的，自信和快樂的心情，早已掩蓋及彌補了這一小缺點。總之，想要做的，一百個困難也會克服；而不想做的，只需一個藉口就會放棄。

以前民以食為天，上一輩常告訴我們：「呷飯皇帝大」，外婆就常告誡我吃飯就專心吃飯，不能再做別的事。我讀小一時，邊吃飯邊寫作業，想不到外婆抽掉我的作業本丟在地上，罵我：「假認真、不專心」，害我大哭一場後，從此不敢造次。然而等我長大後，卻鼓勵自己孩子這樣做，因為時代變了，不能再墨守成規，不然吃虧的是孩子本身。

兒子班上都是利用上課時吃便當以節省時間，常常不到十點便當就光了，老師也默許，省下中午一小時可以睡覺、下棋或打球。
許多家長不認同的原因，還是在於吃飯就是要好好的全家人一起在桌上聊聊天，「好不容易」有時間聚在一起，怎麼跑去看電視？對，那是「忙」的家長，但也很容易把孩子忙掉。我們家常談心聊天，並不差這一餐，既然如此，為何不做最理想的時間分配？
其實不是我聰明，一切都是誤打誤撞而來，有時看似小缺點，變通一下即可成大優點。我兩個孩子在學齡前，吃一餐飯至少一小時以上，罵也罵了，打也打了，計時、端水、罰站……都沒用，只好順勢而為，以引導代替處罰，想不到失之東隅，收之桑榆。
吃飯太慢會蛀牙我承認，但吃太快的人，最新的研究報告顯示患糖尿病的風險可能升高。每個人談輻射色變，抽菸的菸害卻輕輕放下？
不想要的，一點點都不行；自己要的，再多也不怕？曾經有位讀者叫孩子吃飯時順便看教學片，孩子反駁說：「一邊看電視一邊吃飯，胃不好。」媽媽就因此沒要求孩子。到了國中成績出來了，心情不好、心臟不好，我看胃都抽筋了，只好每天放學回來趕時間去補習，作息大亂。
我還是那句老話：「關鍵在態度」，胃只是藉口。蛀牙可補，睡眠補不回來；

自學態度及自信要不回來，最後連功課也跟不上來。

上過我六小時課的讀者，一定知道有一堂課是邊吃飯邊看英文或光碟，有人就問了：

「光碟可不可以飯後看？因為我們吃飯很快。」

「我只是要你們連結吃飯就要想到看電視，就如醫生交代吃藥要照三餐吃，道理是一樣的，這樣才不容易忘。但我不建議飯後看，因為容易放鬆、昏沉、想睡；但如果孩子可接受，我也不反對。飯前也還ＯＫ，有一點饑餓感，頭腦較清醒。」

以前孩子國小、國中時我儘量不帶他們出去外食，浪費時間又少看一片光碟。在周六、日及寒暑假，我們是真的照三餐看才看得完，由我主導放片。太太和我們一起看了英文光碟後大嘆：

「我以前要是有這個東西，說這麼清楚，英文就不會那麼爛了。」何止英文？還有數學、理化呢！

吃飯可以看電視嗎？當然能不看就不要，怕消化不良。但為什麼還看？因學生時間寶貴，充足的睡眠及自信更重要。就如大人每天人手一杯的咖啡一樣，沒有一定的對或錯，看你自己要的是什麼，該如何取捨了。

老師沒教，我怎麼會寫？

聰明的孩子較自恃，也較有惰性，是懶、不願意而不是不會，因此對提前學習會反彈、排斥。曾有對小四升小五的雙胞胎，暑假在家沒事做，媽媽要求提前跑小五的參考書，想不到孩子異口同聲反駁：

「老師沒教，怎麼會寫？」媽媽啞口無言向我求救。

來到我這裡，實地示範，我證明給你們看，一定會寫。我要孩子坐我兩旁，把數學課本念一次而已，我根本沒有教，只以聲音幫助記憶及專注力，念完後讓孩子自己看看前面註解，總共花不到十五分鐘後，要求孩子馬上寫題目馬上改，結果八十多分，證明我所言不假。

不熟的狀況下，孩子還能得八十多，等老師教完一定更高。不是不會，而是不願意走第一步，沒有試你怎麼知道不會？

好巧，這次寒假開學的前兩天，也是一對龍鳳雙胞胎不想上安親班，媽媽又怕分數掉下來，老師還沒教，我們要求媽媽買好下學期的參考書，按照步驟表演給媽媽看。

太太當場請孩子自己寫老師未教的數學參考書，太太告訴他們：「這不是考試，也不是比賽，自己看範例自己寫，不會的空出來就好。我相信你們一定會的。」

兩姊弟埋頭寫起來，三十分鐘後休息，批改時姊弟倆也很好奇，到底自己寫得如何？也在一旁看結果。太太完全沒教，只是耐心的請他們自己找出自己的錯誤，自己訂正。來來回回三、四次，最後，他們憑自己的能力完成一個單元，孩子很有成就感也很開心。

我也示範了國文及社會，當場寫測驗題，都有八十分上下的水準。我要他們自己把用猜的那些圈起來，錯的馬上訂正，孩子很高興及自信，找到適合自己的學習方式後，終於可以脫離抱怨已久太累太煩的安親班。

小學的數學太簡單，我不建議看光碟，一直靠老師教，都成了填鴨卻不會思考了，應先以動腦、筆算實作為主，按照我第四本書《我這樣陪孩子走升學路》裡的「長程不補習法」，去引導啟發孩子。我們當初是在孩子小六前，寫完國中數學課程後，才回頭看國一光碟當複習用的。當然，來不及做長程的同學，也只好從光碟入門亡羊補牢了。

線上數位學習是必然趨勢，可以反覆學習，網站也有國中小英數題庫，線上免費練習，台大也有線上教學。美國大學教授就利用網路提供「頂尖大學線上免費課程」，兒子原本計劃到美國讀書，現在不必這麼急了，

「我知道哈佛教授怎麼教，教什麼了。」

他自己去搜尋外國教學網站，有一次在電腦線上，看到麻省理工學院的教授在教物理，我在客廳忍不住，衝進去書房很驚訝的稱讚他：

「喔！以英文學物理？你聽力怎麼這麼厲害？」

「廢話！下面有字幕啦！」我昏倒在地，原來如此。他還介紹大一的微積分課程給姊姊看呢！

老師沒教，你真的可以會，這是自主學習的第一步，不能永遠靠「老師教完才會」的心理，這樣當然學不會思考。

早會晚會都要會，為何不早會？早做晚做都要做，為何不早做？你沒試幾次，又怎麼知道自己不會？

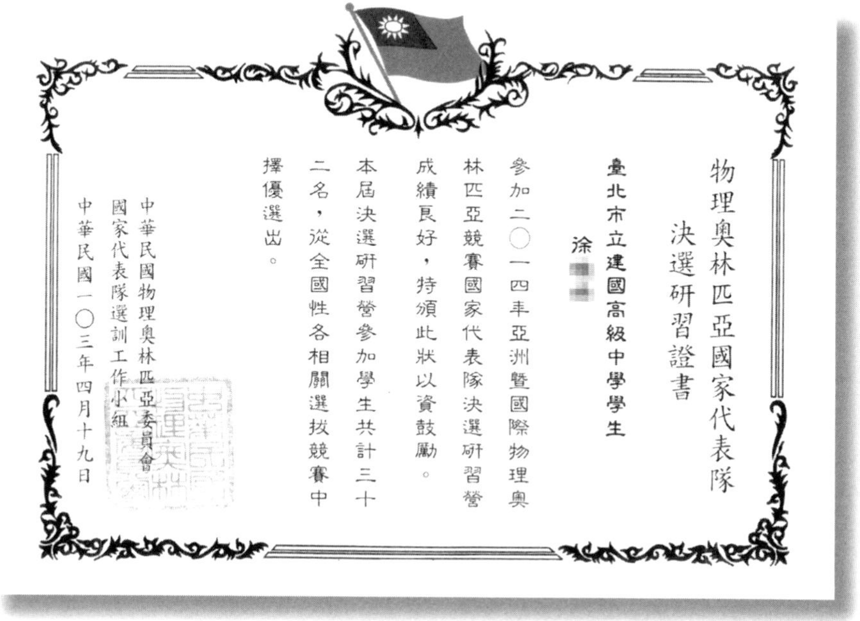

物理奧林匹亞國家代表隊
決選研習證書

臺北市立建國高級中學學生
涂[redacted]

參加二〇一四年亞洲暨國際物理奧林匹亞競賽國家代表隊決選研習營成績良好，特頒此狀以資鼓勵。

本屆決選研習營參加學生共計三十二名，從全國性各相關選拔競賽中擇優選出。

中華民國物理奧林匹亞委員會
國家代表隊選訓工作小組

中華民國一〇三年四月十九日

老師沒教，孩子可以先做，這是自主學習的第一步。按照我第四本書《我這樣陪孩子走升學路》裡的「長程不補習法」，去引導啟發孩子。這是我兒子獲選物理奧林匹亞國家代表隊決選研習的證書，申請保送台大物理系，證明了只要照我的方法貫徹執行，孩子不補習也能進台大。

態度有問題的人，
永遠找得出理由，
而且只要一個就能放棄；
但態度沒問題的人，
只會努力去找出原因。

看這個有效嗎？

現在國中課程內容加深加廣，老師又沒教，父母要怎樣讓孩子提前學習？沒關係，光碟片就是老師，在寒、暑假及周六、日的三餐，我們就可以看完數學、理化及英文，不熟的可以重複看到懂，比真正老師還有耐心。

等開學後老師在課堂上教時，孩子已經是在複習，還能發問更延伸的問題了，別的同學卻只是第一次霧煞煞的預習而已。

一位讀者很好玩，問我看這個有效嗎？這要看孩子的態度及父母堅持的執行力了。大人要主動、主導陪著看，習慣、成型後才能放手。不然像有位媽媽買了十幾萬的英文教材及光碟，還訂了一年的「大家說英語」，但到現在都還躺在那裡，孩子也不看，錢都白花了。

一位媽媽更好玩，自己和孩子觀賞試看影片教學，因太難了都看不懂，竟然就不看了。我在電話中我問她：「到底是看得懂的人要看？還是看不懂的人要看？」態度有問題的人，永遠找得出理由，而且只要一個就能放棄；但態度沒問題的人，只會努力去找出原因。

一開始改變學習方式，大人一定要陪著看有無專心，看完馬上寫完附贈題目，不能敷衍了事。有時我故意裝傻聽不懂，叫兒子或女兒到電視旁教我，他們會很臭屁的向我解釋很多，最後還罵我笨！教完後我會問另一位，他教對了嗎？其實我只是要抽測他們到底有沒有認真而已，間接的警告你們不要給我混！雖然他們罵我笨，沒關係，只要孩子不笨就夠了。

當初兒子為了考上科學班，在國三時花了一萬多買高二、高三的物理課程，他說看一次還不太會，必須像高中數學一樣看兩、三次才能融會貫通，而一般同學只靠學校老師說一次，怎可能馬上會？

女兒高中時數學已看了三次，指數、對數暑假才剛看過，三、四個月後又忘了，只好開學後看了第四次。不過這次她有能力快轉加速了。有次在電腦上快轉，我還問她「講這麼快你聽得懂嗎？」

她說：「廢話！我又不是第一次聽。」

第一次看都是用規規矩矩正常速度播放；第二次不會的用正常速度，會的就快轉；到了要喚起記憶，複習的第三次，為了節省寶貴時間，幾乎全部用快轉了，不然看不完。高中時女兒一位同班同學，從國中到高中都靠補習，到後期突然不補了，她告訴女兒：

「老師廢話很多，又要等別人進度，如果要補，寧願去補課看錄影的，可以快轉。」

如果是這樣，像我們這樣看教學片就好了，弟妹也用得到，省很多錢。為了提高孩子的興趣，大人的態度很重要，要他們學會主動前，自己要很主動。兒子看數學很喜歡快轉，喜歡思考，速度是姊姊的兩三倍快，遙控器在他手上，換片卻是我的工作，做他的台傭。

這樣做不是寵他，而是讓孩子體會到「我們」一起完成，是我故意引孩子上鉤的橋段，兒子也配合演出。一個午餐可叫好幾次「換片」，這時身段很低的我，就當跑腿接受使喚，增加趣味性。等過渡期過了，習慣也養成了後，他們就自己來了。

有人問我，孩子一開始就會接受這樣的安排嗎？

「怎麼可能？」

我從小學幫忙安排、追蹤、驗收多年後才定型。一位媽媽打來問光碟片的事，太太問她為何孩子沒提前學？

「因為孩子不學」。

「孩子不學不寫，你就順他意，那你問教學光碟，他不看你也是會順他意，這樣一定是白買了。」

「對喔！是我的問題。」

要買課程時一定要和孩子先到網站，試看老師的教法及進度，孩子是否能接受？如果孩子喜歡，大人要耐心規劃時間及進度表，這樣做確實後，國、高中後絕對能省下大筆的補習費及睡覺時間。

不同年齡的孩子需求不同，萬一有兩個孩子一個看國中，一個看高中，很難一起同桌吃飯，所以我們從小吃飯是一人一盤飯菜，各自到電腦或電視前各就各位，各取所需。有一段時間吃飯是兒子在書房，女兒在客廳，而我在房間看新聞。有了大方向，小細節我是不在意的。

打電話來我家的讀者，十通有五通是問光碟，所以我特地把我們看過的給讀者參考，也可自行另找最新的版本，如果和我們一樣的話，就得抽綱出來看，大同小異，亦可找看看有無免費線上教學。

國小：不建議看，要先學會思考。

國中：數學，施旭原老師
　理化，傅政老師
　初級文法，謝孟媛老師
高中：數學，陳光老師（高一、高二）
　物理，邱博文老師
　英文，謝孟媛老師
大學：本國及國外各大學教授免費網站教學。

徐爸，讀書計畫表如何規劃？

只要想做，
就沒有不可能。
相信自己，
相信孩子能做得到，
就一定可以。

出書後的這八年來，太多太多的讀者要我幫他們帶孩子，問我們家的作息，可否幫忙規劃讀書計畫表？老實說，這已不是媽媽不會回答的話，這下換我自己也不會回答了。

以前我自己一點一滴慢慢摸索，再一路慢慢轉彎、修正，就算十小時也理不出頭緒，何況要在電話中短短的十分鐘？很有難度！沒有深入了解孩子，三言兩語是很難辦到的。

作息及讀書計畫表對孩子影響至深至遠，非常重要，牽一髮可動全身。但最主要的還是要回歸到大人的執行力與督促，無法一蹴可幾。根本跨不出第一步，哪來的第二、第三步？一開始要改變，太多、太亂、太雜，找不到方向無從做起，沒決心的人就放著亂，最終只好放棄，結果受害者還是孩子。

計畫表要適合自家的作息，非常個別性，要有「進廚房就不能怕熱」的必勝決心，從凌亂開始摸索，自己願意改變，漸漸的才能有心得，發展出適合孩子的讀書計畫表，將窒礙難行的修正再修正，到最佳狀態，有形的作息表只是參考，做久了就會成為心中無形的自然習慣，日後在什麼時間就知道該做什麼事，這就是所謂的主動態度了。但這需要時間，不是做不到就投降。

然而許多讀者太過心急，以為可速成，直接在電話中要我們家的作息表，或拜託幫忙規劃一下，殊不知不同家庭、不同孩子程度、態度是無法完全類比及拷貝的。

比如說我們孩子在小一時，就有小四的數學能力，這時程度不同的孩子，硬要套入和我們一樣，會害慘這孩子。當他失去信心，大人也失去耐心，跟不上會以為自己孩子這麼差？像我們小五時，已做完國中數學後才看光碟作複習，沒有提前的孩子很難辦得到。

我們家的良藥，有可能是你們家的毒藥，可參考不能照抄，就算複製所有教材及進度作息，只要有一個環節不同，結果就會不同。作息表必須以自己做得到的為主，才能做得久遠、順手，全家高興，而我擬的也只是依我家的作息，我做得到，別人未必。

照你自己擬的做，是心甘情願又做得到，照我的做卻好像是被逼的。所以上過我六小時課的人都知道，他們回家後的功課，一定要傳給我三份作業。一份是一周的作息表，一份是短程一次的月考範圍讀書計畫表，這兩份半個月內交。另一份是中程的讀書計畫表，這是寒暑假前一周交，他們擬完給我修，有時來來回回兩、三次才搞定，搞定照著做後，有問題一通電話即能馬上修正解決，這一通才具關鍵性，才有意義。

我大略抓幾個大方向談一談，父母必須先融入孩子的作息中，了解他們後才能抓到自己的節奏。總計要擬三份：

一、長程：每周一到五，周六、日作息表，以超越兩到三學年為目標，學校功課、課外閱讀、英文雜誌及聽力、數學計算及思考等課程都要列出來，當然也包括每日半小時電動自由時間，電動時間最好排在英聽飯後、洗澡前的昏沉時段。

二、中程：小五、小六如沒做長程者，建議做數學中程。如已讀國中，就在寒暑假前幾天，買到和學校同版本的數學、理化參考書，這兩科理科需在寒暑假列表寫完，也可配合教學光碟融合在三餐看；而小學要做長程的加倍學習，不要浪費掉。

三、短程：一次月考的範圍，以周六、日為主，開學前兩天為第一周，各周各科一課，自行調配，寫完參考書，剩下周數寫總複習。一開始大家鬆、我們快，但沒關係，到月考前老師教得快又緊，同學很忙，我們卻不忙了，可從容做完老師多又煩的功課。

最好周六、日早上完成預習工作，下午再寫學校功課或才藝部分，周日下午儘量不排功課，帶出去玩。

這是粗略概分，更認真的媽媽會結合長、短程融合為一張表，直接把時間、課表寫在月曆上，按表操課。每天簽聯絡簿時，把明天要考的科目評量丟給孩子練習手感，安插在閱讀時間或其他。

段考前一天停掉所有安排，把參考書、評量、考卷錯的部分複習一次，數學錯的須擦掉重算一次。

時間分配長短部分，實際執行後如有不妥自行調整，手忙腳亂的雛形確實的做了一個學期後，有了心得就能上軌道。隨著年級增加及實際需要再修正到最理想，一年到兩年內上手後即可丟掉有形的課表，因為完美的讀書作息表，已烙印在你無形的心中。

女兒的讀書計畫表，在高中時是非常火紅的，全班爭相傳閱、拍照，好像挖到寶藏似的，同學們眼睛為之一亮，反而女兒自己覺得沒什麼，很淡定的說：

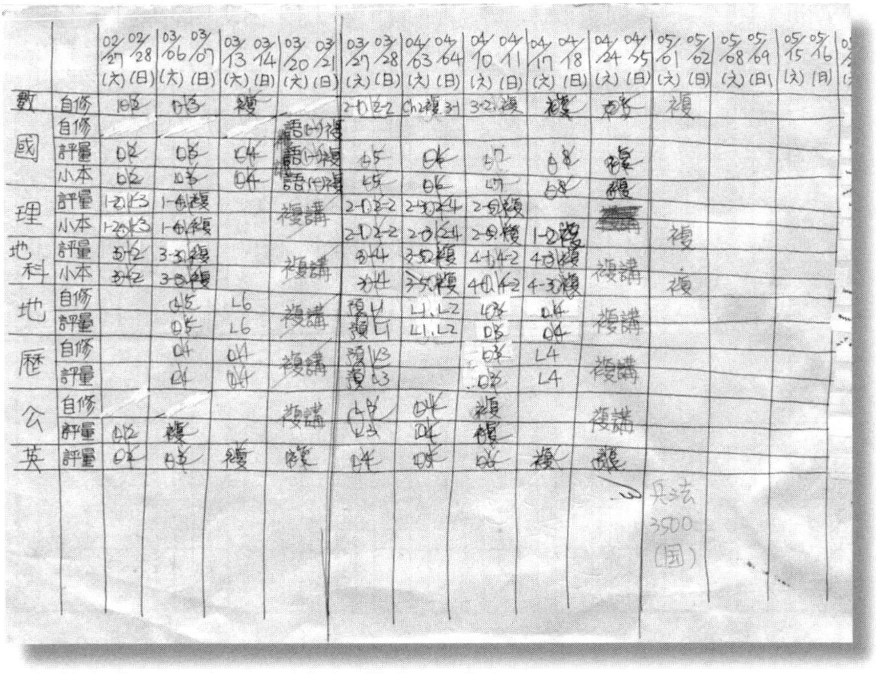

女兒的讀書計劃表，在校內非常火的，全班爭相傳閱、拍照，好像挖到寶藏似的，同學們眼睛為之一亮，反而女兒自己覺得沒什麼，很淡定的說：「妳又沒用，這我專用的，不適合妳啦！」同學卻說：「不能用也能參考用啊！」

「這些對妳又沒用，是我專用的，不適合妳啦！」

「不能用也能參考用啊！」

中國很有名的狼爸，打出四個孩子裡三個上北大，他的四個孩子的讀書計畫表完全不同，而且自行規劃。其中一個孩子寫七點半起床，狼爸說不行。孩子自認七點半已經夠早了，狼爸卻認為不行。

「你根本起不來，寫七點半沒用，要規劃自己做得來的。」狼爸解釋。

每位孩子要根據自身特質量身訂作，無法複製通用，只有參考，學習人家好的部分，做得到的才是你的。

每年我收到的感謝函都很多，去年元旦收到一位桃園媽媽的來函，原本為了成績，親子關係「盪」到谷底，吵架是家常便飯。但改變學習方式的一份計畫表，大大改變了她們母女間的親子關係，對於分數，從敏感話題改變到孩子自動快樂分享。

看了好幾次的感謝函，心中無限激動，而且感動得快哭了。原來連我這種人都很需要鼓勵及動力，何況是一般父母及孩子？這位媽媽兩年前是徬徨無助的，而今是笑容、安慰、為傲、感恩。

孩子從大約九百五十位的國二生裡，自校排八十五到一百零五，一口氣進步到二十六，再到全校第一。但稱我們為「恩師」實在擔待不起，最多只能說是我書中的長、中、短程不補習法，又再一次得到驗證，踏出第一步就是成功的一半。另外一半是父母四分之一，孩子四分之一，加起來才是一。一個圓，不可能完全是我的功勞。

以十個月打敗班上一位「永遠的第一名」，是這位媽媽的功勞。從看我寫的整套書開始，打電話問，上六小時課後確實了解孩子特性，擬讀書計畫表，回家後確實執行，半年後進步，十個月後成為第一。

只要想做，就沒有不可能。相信自己，相信孩子能做得到，就一定可以，只是願不願意像這位母親這麼努力投入，到去年還在排「中程」課表讓我修，很多人卻是做到九個半月就放棄了，可惜。

大人能堅持多少，孩子就能進步多少，別人可以，為什麼我不行？如果你想透了，你也可以！

跋一

家庭教育金三角：回應、身教、感動！

「你們家的故事比連續劇還好看，什麼時候再出下一本？」

好多讀者告訴我，他們都是看完新書後再回頭買前幾本的。有位住桃園的忠誠粉絲，每每我新書還沒上架就指定，要老闆娘馬上拆箱。回家迫不及待閱讀了兩次，她看到我這麼用心很感動，還沒上小學的四歲女兒就問她：

「妳看一本書怎麼有時候笑、有時候哭？」

「因為感動就會哭，有的內容很好笑就笑了。」

她還告訴太太，當天是穿著雨衣冒雨到書局，連老闆娘都好奇的問：「有那麼好看嗎？」她當場告訴老闆娘：

「只要是『徐權鼎』的書，不用翻就知道好看。」

這幾年來接到的感謝函不勝枚舉，傳統的掛號信件、電子郵件、臉書、部落格留言版、演講會後、電話的那一頭。如果不是來自四面八方讀者，給我正面的回應、加油打氣與鼓勵，我早封筆收山了，因為出書所付出的時間、心力與收入，實在是不成比例；但忠誠粉絲的熱情回應，卻彌補我的矛盾，喚回我的寫作熱忱，讓我找到繼續走下去的理由。

還曾有讀者很擔心，要我不能搬家或換電話，交代我如有異動，一定要昭告天下，不然找不到我們。

●

父母帶孩子的道理也是一樣，你肯回應、會回答，就能激發他們的潛能與熱忱源源不絕。從小我就有來回踱步思考的習慣，有次無意間閃過一團靈感，突然悟出了家庭教育的金三角，滿分全方位的教育元素寶典：

第一角回應：孩子有問題一定要馬上回應他，要會回答他，不要敷衍，不能沉默，這就是陪伴及關心。做得到就能拿到六十分，這是最基本的起跳門票。

第二角身教：你回應了也回答得很棒，但孩子不一定聽得進去，也就所謂的不服，是可能被打槍回來，你卻怪他頂嘴沒大沒小。問題是出在大人身教如果不好，再怎麼會回答也只流於口水之戰，唇槍舌戰的結果必定兩敗俱傷。所以父母的道德標準愈高，效果愈好，不能有模糊的灰色地帶。做得好，合計前項就可到達九十分的水準。

第三角感動：最關鍵的十分最難拿。你會說話，對孩子有回應，自己身教也沒問題，如能再多一點用心，談到、做到讓孩子感動，這臨門一腳絕對能讓你的教育滿分而更頂尖。三管齊下，百發百中！

三角之中少了任何一角，都會不平衡、不完美，效果會打折，難以到達教育的最高境界。如果連一角都沒有的父母，可想而知其孩子有多吃虧了。

我把「感動」寫成關鍵十分，其實可能還不止，說得好、做得好可擴大十倍。前幾個月有位媽媽在我演講完，當場問我「何謂感動」、「怎麼感動」？我「虧」她上課不專心、沒慧根，其實感動都藏在演講裡。

真心誠意，無私單向的愛及體諒，不求回報；只有耐心、犧牲、付出、傾聽、體諒、引導，沒有預期、抱怨、計較、期限、底限，線夠長魚就夠大。要孩子聽你的話？請認真先聽聽孩子心裡的話，把孩子的話當話，這就是感動！

一年前的某天，兒子一放學回來，就要我載他到重慶南路的書街買書，我二話不說馬上走。縱然我忙，打亂了原本的計畫，還是以孩子作息為主。

到了重慶南路，他一家一家逛，我就在一家一家騎樓下靜靜的等，不催不趕沒有怨言，沒有嘮叨。這近兩小時裡，他買了五千多元的書，結帳時兒子覺得有罪惡感，花那麼多錢，直嚷：

「好貴喔！」

「不會啦！書的錢不能省，再貴也要花。你爸沒抽菸、不喝酒，只要再少買兩件衣服就補過來了，況且這錢你和姊姊都有幫忙賺到，因為你們這麼認真，沒拆老爸的台，才讓我的書一本又一本的連續暢銷。現在不管花多少，以後我們一起把它賺回來就是了。」

兒子笑了，結完帳我提著書，他很不好意思，馬上把書接過去提。因為我說到他無話可說、做到他心服口服，這就是感動！

報載藝人小Ｓ（徐熙娣）順利生下第三胎前坦言，的確曾崩潰大哭，因老公是獨子，難免背負傳宗接代的壓力，只因公公一句：「爸爸很感謝妳為我們家生了三個孫女」，讓她相當感動。

前幾個月的大年初一晚上，我在台南岳父家觀看特別節目，長青樹歌王余天三個孩子過年的畫面，讓我的眼睛為之一亮，甘願停格而不想轉台。

節目中他的大女兒很貼心，特別準備了媽媽李亞萍最愛吃的玉米；二女兒哭著說自己把唱歌當職業後才體會出，原來父母是這麼辛苦唱歌養他們三個長大，跪哭著奉上紅包；而過去令人覺得頭痛、傷腦筋的兒子，經過時間的歷練也成熟長大了，很嚴肅、認真、誠懇的當面向媽媽保證，自己會更好、做得更好。

他們不是我的孩子，但這就是我要的孩子，我聽了眼淚都快掉了下來。不管別人怎麼看、如何以放大鏡檢視，我提出自己看到的點，我個人是肯定的。如果不是他們偉大父母多年來的愛，無限期等待、包容、體諒陪出感動，今天所有的一切都不會發生。

●

一直以來，兒子排斥，不敢看我的書，沒辦法接受他爸在書上爆他糗事，破壞他形象。有一段時間甚至不太講話，怕在下一本書上原音重現，但總不能對讀者說謊掩飾，報喜不報憂，這樣讀者會緊張，誤以為自己孩子和別人比起來怎麼差這麼多，因此變得更沒信心。

其實孩子某些階段的某些不好行為，是正常而無須在意的，我們要據實以告，才是一本真書、好書。媽媽也告訴他：

「很多媽媽因為你的分享而了解自己孩子，因你受福，功德福報很大。」

兒子漸漸聽進去了，他自己也感受到一路走來，都有貴人及時相助。這次出書，他居然主動提出要補我不足之處，不要淪為大人的一言堂，他要寫出自己當初的心態，來解析當時孩子心裡到底在盤算什麼？讓父母更清楚孩子心態，才能知己知彼，百戰百勝。

五點多放學回來，每天固定看三個單元，此時他正忙於競賽及升大學的壓力，但卻無損於他的熱情。他邊看我的稿子邊念：

「靠右邊走，怎麼才看五行，五行就都是在罵我的話？是爸爸編的吧？我有說這些話嗎？」

連太太也曾質疑其中的內容是編出來的，不是我記性佳，而是我有隨手記紙條的習慣，口袋裡隨時有兩隻筆、四張日曆紙等著，我要這兩個懷疑我的人，馬上去看看那回收紙箱內泛黃的日曆紙及舊筆跡，這一箱證明了我的清白。

如果你們還要說：「原來五、六年前你就編好了」，那麼你就更得佩服我的先見之明，居然未卜先知六年後能派得上用場。

「怎麼這一本書都是我的頂嘴、我的抱怨，都是我？」

「你認為不聰明的人這麼會頂嘴嗎？那你不承認自己聰明囉？」太太凸槽兒子。

「一般媽媽第一次都不會回答啦！放我的話進去就沒死角了。」

從排斥到接受，從默許到主動分享，轉變來自感動。誰感動了孩子？是父母！

兒子的自我要求甚高，不管在自我成長、道德標準或課業上，了解自己的人生是痛苦的，也怕失敗，自我壓力不小，有時鑽牛角尖、結打不開、自我矛盾、怕過不去。但媽媽告訴他：

「如果人生一定會、一定要失敗，那就趕快、趁早來個大一點的，趁爸媽還在，會一起陪你挺過去。」

假如你是這個孩子，你還會怕失敗而壓力大嗎？不會！你只會不斷努力、挑戰；你只會感動，平常心迎接隨時會來的大失敗，過了之後你就不會再怕失敗了。

兒子日前有感而發，親口感謝我們父母給他的空間這麼大，談及他很幸運遇到我們這種父母，聽了都想掉淚。

*

我們夫妻倆和兩個孩子，比父子還父子，比母女還母女。現代忙碌的社會，好多是假父子、假母女，只是名義、法律上的假象，很多父母只生不養、只養不育或只育無情、欠缺感動，我前一本《不補習也能教出金牌兒》寫的就是情緒，如何體

中國醫藥大學

獎　狀

（103）文學課(獎)字第 040 號

藥學系一年級徐[redacted]同學榮獲
102 學年度第 1 學期該班學業成績
第一名 表現優異特頒獎狀 以資鼓勵

此　狀

校長 李文華

中華民國 103 年 4 月 22 日

智力普通的女兒，去年九月進了她的第一志願藥學系，剛開學教授就說：「你們這班進來的分數超高」，女兒心想：「完了，我能第幾名？安慰自己有個前十名也就不錯了」。結果學期結束時，她領了七千元獎學金，是班上的「卷姊」，第一名。

諒青春期、功課壓力大孩子的過程，如何感動，如何雙贏？

就在結稿前，令人興奮莫名的好消息不斷傳來。兩個月前來我家上六小時課的桃園一對小六雙胞胎，改變了讀書方式後，有一次社會老師說全班考得太差要重考，但這對雙胞胎卻考一百，榮譽感整個上來。

二十多天前，台南一位國一生也是上完課後馬上改變方式，這次段考校排從一百二十多進步到七十多，自信大增。

我的第三個孩子「汐止來的小孩」，在警察大學表現極為優異，剛當選一百零三年全國優秀青年代表，獲總統召見表揚，我也與有榮焉。

「憨直」的女兒去年九月進了他的第一志願藥學系，剛開學教授一開口就說：「你們這班進來的分數超高」，女兒心想：「完了，我能第幾名？安慰自己有個前十名也就不錯了」。結果她領了七千元獎學金，是班上的「卷姊」，第一名。兒子也剛申請保送上台大物理系。

太多太多的實例應證，教育不是偶然、沒有奇蹟；只有方法、只是感動。至誠可以格天地、動鬼神，許多讀者問我：「你孩子怎麼教的？」真的沒什麼，「回應、身教、感動」，六字而已。我證明了教育及讀書是有訣竅的，也盼有為者亦若是。

附錄一

我們從小看過的一些書：

小學：

書名	出版社
孩子！遠離危險	幼福
卡通簡單畫法 8冊	幼福
孩子的為什麼？ 4冊	曉群出版社
小朋友的摺紙教室	國家出版社
解開好奇心 6冊	跨世紀文化
白話三字經	世一
孩子！保護自己	幼福
中國經典故事 25冊	幼福
小叮噹自然科學小百科 4冊	宇宙出版社
進入科學世界的圖畫書 15冊	上誼文化
好兒童勵志叢書（漫畫） 系列套書	世一
兒童學成語 3冊	世一

兒童讀弟子規 3冊	世一	兒童三十六計 3冊	世一
兒童讀史記 4冊	世一	唐詩三百首 3冊	世一
水滸傳 3冊	世一	西遊記 3冊	世一
三國演義 3冊	世一	三十六孝 3冊	世一
一千零一夜 2冊	風車圖書	憂等生（漫畫） 5冊	聯經
台灣歷史人物	聯經	文經兒童文庫成功小傳記 系列叢書	文經社
中國歷史全記錄 12冊	鐘文出版社	世界偉人傳記故事 套書	陽明出版社
有趣的偉人故事 4冊	文化出版社	十萬個為什麼？	可自選版本
科學問答全知道	人類出版	大家說英語（配合電視訓練聽力）	
聽故事學成語（CD2輯）	快樂書店	李豔秋姊姊說故事（CD8片）	上登唱片
小學生啟蒙國學 論語注音版	三暉圖書	小學必讀古詩100首 上下2冊	捷英社
國小歷屆奧林匹克數學競賽試題	蔡坤龍文教	小小說話高手	文經社

國中：

書名	出版	書名	出版
國語一字多音審訂表	教育部編印	中學生多功能成語典	鯨安出版
世說新語拾粹（附測驗題）	大易書局	搶分王國中國文基測閱讀祕笈孟子等 8冊	康軒
國文第8堂課閱讀題組文言文(1)(2)	教育測驗	國文第8堂課閱讀題組白話文(1)(2)	教育測驗
歷史第8堂課臺灣史人物誌（附光碟）	教育測驗	歷史第8堂課中國史人物誌（附光碟）	教育測驗
歷史第8堂課世界史人物誌（附光碟）	教育測驗	漫遊中國歷史五千年 4冊	希代書版
世界通史輕鬆讀 4冊	希代書版	圖解世界史 5冊	好讀出版
台灣通史	國際漢字	中國通史	國際漢字
世界通史	國際漢字	萬物簡史 4冊	天下文化
觀念生物學 4冊	天下文化	觀念物理 連解答6冊	天下文化
觀念化學 5冊	天下文化	電學之父 法拉第的故事	文經社
科學，從好奇開始	文經社	作文好撇步	五南
情境式創意作文	五南	這個字你認識嗎？	商周出版

原來如此講典故	商周出版	美國AMC 數學測驗歷屆試題暨詳解	博凱出版社
空中英語教室 （配合電視訓練聽力）		專門替中國人寫的英文基本文法	聯經
英文文法系列（初級可購CD解答）	敦煌書局	英文文法系列（基礎）（有解答）	敦煌書局
英文文法系列（進階）（有解答）	敦煌書局	全民英檢全真模擬試題初、中、中高級	常春藤
全民英語能力分級檢定測驗 初級、中級、中高級 學習手冊、練習手冊、正式測驗考題	財團法人語言訓練測驗中心	800字小語	文經社

ps. 僅供參考，如有絕版刊物可選購類似替代品或二手書。

建議的玩具、輔助教具

地球儀 （大的為佳）	倒數計時器	錄音筆、MP3	翻譯機 （有聲發音、大螢幕為佳）
白板、電子琴、保溫便當	各類教學光碟片、撲克牌、陀螺、跳繩	象棋、圍棋、陸軍棋、魔術方塊	滑板、三輪車、跑步機、騎木馬

羽球、籃球、桌球、腳踏車	拼圖、積木、七巧板、套圈圈	雙層大型塑膠溜滑梯（玩具反斗城）	JANG'S PUZZLE BLOCKS（立體積木）
Wisdom puzzle black（平面、立體積木）	親子立體賓果、平面賓果	博士兒長久幾何頂點珠	博士兒長久工程智慧片（立體概念）
諾貝兒多向建構球	七十二變魔術禮盒系列	來源：北市世貿玩具展、玩具反斗城、九章益智玩具	

徐權鼎演講題目精選：

1 品格教育	2 好習慣比好成績重要
3 我這樣教出資優兒	4 我這樣陪孩子走升學路
5 如何幫孩子做好時間管理	6 孩子不同，啟發也不同
7 放手與放縱~談青少年管教分寸的拿捏	8 媽媽不會回答的話
9 孩子情緒壓力的出口	10 聰明父母如何因應孩子的叛逆期
11 營造和樂、幽默的家庭氣氛	12 帶住孩子的心~再忙也要陪孩子一起成長

演講邀請專線：
0910-085-863
臉書：
http://www.facebook.com/jim39181

國家圖書館出版品預行編目資料

媽媽不會回答的話 / 徐權鼎著.
第一版. -- 臺北市：文經社, 2014.06
面；公分. --（文經文庫：A310）

ISBN 978-957-663-725-4（平裝）
1.親職教育 2.親子關係

528.2　　103012428

文經社

文經文庫 A310

媽媽不會回答的話

文經社網址 http://www.cosmax.com.tw/
http://www.facebook.com/cosmax.co
或「博客來網路書店」查詢文經社。

作　者 | 徐權鼎
發行人 | 趙元美
社　長 | 吳榮斌
主　編 | 管仁健
內文排版 | 博客斯彩藝有限公司
出版者 | 文經出版社有限公司
登記證 | 新聞局局版台業字第2424號

總社・業務部
地　址 | 241-58 新北市三重區光復路一段61巷27號11樓A（鴻運大樓）
電　話 |（02）2278-3158
傳　真 |（02）2278-3168
E-mail | cosmax27@ms76.hinet.net、cosmax.pub@msa.hinet.net
郵撥帳號 | 05088806 文經出版社有限公司
印刷所 | 博客斯彩藝有限公司
法律顧問 | 鄭玉燦律師（02）2915-5229

定　價 | 新台幣 250 元
發行日 | 2014年 8 月 第一版 第1刷
2018年12月　第3刷